Weiches Fell und Schneegestöber

Tierische WEIHNACHTS-GESCHICHTEN

Pattloch

INHALT

LASST UNS FROH UND MUNTER SEIN

*Von fallenden Christbaumkugeln,
verbellten Weihnachtsmännern und dem
tierischen Weihnachtschaos*

ALLE JAHRE WIEDER

KARIN TAMCKE

Die Zeichen sind deutlich und unübersehbar. Draußen wird es kalt und kälter, die ersten Schneeflocken proben den freien Fall. In den Geschäften machen sich Kerzen, Kugeln und Engelchen breit. Und mich überkommt eine dunkle Ahnung …

Ich liebe Christbaumschmuck. Jahrelang hatte ich auf Flohmärkten nach alten Kugeln gesucht, in den Läden nach besonders hübschen Stücken gefahndet. Denn das Schönste an Weihnachten war für mich immer der Baum. So ein richtig großer Weihnachtsbaum, behängt mit hauchzarten gläsernen Kugeln, silbernen Glöckchen, filigranen Strohsternchen, zerbrechlichen kleinen Figürchen. Ein einziges Funkeln und Strahlen. Und mit vielen Kerzen aus Wachs. Alle Jahre wieder.

Elektrische Kerzen? Niemals. Nie im Leben.

Unser erster Kater kam ins Haus. Er erklärte den Baum zu seinem ganz persönlichen Besitz und richtete sich unter den Zweigen ein verschwiegenes Lager ein. Die ganze Weihnachtszeit kam er nur zum Fressen heraus. Die Kugeln und Kerzen beeinträchtigten sein Wohlbefinden nicht und er beeinträchtigte das Wohlbefinden des Baumes nicht. Auch die nachfolgenden Katzen zeigten sich christbaumtauglich. Doch nach ihrem Ableben brach eine neue Ära an.

Es zogen drei Tiger ein. Grau gestreifte. Und wir merkten: Katze ist nicht gleich Katze. Als sie kamen, sahen sie so klein und so unschuldig aus. Das änderte sich, als sie größer wurden. Und zum Jahresende waren sie schon ziemlich groß. Aus meinem Adventsgesteck fraßen sie die Gräser heraus. Die Tannenzapfen kickten sie über den Teppich. Und mit ihren Schwänzen wedelten sie so unbeschwert vor den Flammen, dass wir lieber auf Gesteck und Kerzenschein verzichteten. Vorübergehend, wie wir meinten.

Es ist Weihnachten. Der Baum steht noch nicht einmal, da ist er schon fest in Feindeshand. Während der Kater sich mutig ins Unterholz schlägt, erobern seine beiden Schwestern im Nullkommanichts die Spitze. Kaum schwebt der erste Strohstern anmutig am grünen Geäst, liegt er schon zerkaut darnieder. Den anderen geht es auch nicht besser.

Ich lese die zerfledderten Reste auf und hefte sie sternförmig mit dem Tacker zusammen. Noch ein paar Papp-Engel und Äpfel an die Zweige, fertig ist die karge Deko. Hauptsache unzerbrechlich. Im Karton auf dem Dachboden bleiben meine hauchzarten Kugeln, meine silbernen Glöckchen, meine filigranen Anhängerchen … Und was ist mit den Kerzen? Trotzig bringe ich die Kerzenhalter an. Immer noch denke ich: Elektrische Kerzen? Nie im Leben!

Heiligabend suchen wir kleinlaut im Haus nach einer Lichterkette. Die einzige, die wir finden, ist zu kurz und illuminiert nur die Spitze des Baumes. Am nächsten Morgen sehen wir sie um sämtliche Tisch- und Stuhlbeine gewickelt wieder. Als Fallobst liegen die Äpfel herum, die flügellahmen Engel daneben.

Auch bei den Strohsternen ist es aus mit dem Schweben.

Wir lieben unsere Katzen. Wir wünschen ihnen ein langes Leben. Und so bleibt vorerst nur die Erinnerung. Die wehmütige Erinnerung an zarte Kugeln, silberne Glöckchen, Strohsternchen, filigran wie Schneekristalle, und anmutige Figürchen an grün benadelten Ästen.

DIE RETTERIN DES GLÜCKS

THOMAS PFEIFFER

Eine schwere, mit Lederhandschuhen bezogene Faust hämmerte gegen die massive Holztür.

»Hohoho«, schallte es verzerrt. Dazu kamen ein dumpfes Glockenläuten und eine Stimme, tief wie ein Kontrabass.

Als sich die Tür von außen öffnete, trat ein maskierter Mann ins Wohnzimmer und verdunkelte augenblicklich das einfallende Licht des Flures. Keine Sekunde später brach die Hölle los.

Das scheinbar finsterste Ende (m)eines Albtraums beruhte auf einer wahren Begebenheit.

Weihnachten! Hört meine Geschichte und die von der Englischen Bulldogge Maggie, der Retterin des Glücks.

Seit ich 2000 den griesgrämigen Grinch im Kino gesehen hatte, war mir klar: Ich war wie er. Ich konnte nichts dagegen tun. Doch wie sollte ich das meinen Lieben beibringen? Für sie war Weihnachten das Fest der Familie und der Besinnlichkeit. Ja, was denn nun? Besinnlichkeit oder Familie?

Besinnlich war für mich ein Fest ohne kitschige Weihnachtsdeko, ohne Weihnachtslieder und vor allem ohne kreischende Neffen und Nichten, die jedes Jahr von Geschenken fast erschlagen wurden. Vor allem aber widersprach sich Besinnlichkeit für mich mit »Last Christmas«, »Drei Haselnüsse für Aschenbrödel« in Endlosschleife und der »Helene Fischer Show«.

Allein mit meiner Maggie auf der Couch. Das wär's! Mein Glück wäre perfekt. Denn auch in der Weihnachtszeit blieben unsere Berliner Stadtwohnung und der Schrebergarten quietschbunt und exotisch. Einzig das Eichhörnchenhaus zwischen den blätterlosen Weinranken verlieh neben dem wie ein Pinsel zusammengebundenen Pampasgras ein bisschen winterlichen Flair. Das war mein Paradies. Hier wollte ich sein. Auch oder gerade zum Weihnachtsfest.

Wir arbeiteten nur so viel, wie wir mussten, und lebten und genossen so viel, wie wir konnten. Materielle Sachen waren nebensächlich. Das Leben meinte es gut mit uns.

Ich war ein echter Glückspilz, zumindest an 362 Tagen im Jahr.

Neben meiner Frau war mein allergrößtes Glück in dieser Welt unser Bulldoggmädchen, etwas dicklich, mit sonnigem Gemüt und einem Herz aus Gold. Wenn Maggie morgens ihre rehbraunen Augen aufschlug, herzhaft gähnend den Kopf im Körbchen hob und sich streckte, leuchteten auch meine Augen. Ihr braun-weißes Fell glänzte in der hereinscheinenden Sonne, ihre Augen strahlten und ihre stoische Gemütlichkeit vereinte sich mit meiner.

Ich hatte mein Glück gefunden, wollte es bewahren und niemals herausfordern.

Einmal im Jahr jedoch wurde es strapaziert. Eigentlich überstrapaziert. Nein, es verließ mich für sage und schreibe drei Tage gänzlich. Dann fühlte ich mich leer, gestresst, genervt und erkannte mich selbst nicht wieder.

Und auch dieses Jahr sollte es für uns kein gemütliches, gemeinsames Weihnachten auf der Couch geben. Dieses Jahr sollte unsere Maggie zum ersten Mal das komplette Weihnachtschaos, äh, Fest meiner Schwiegerfamilie kennenlernen.

Am frühen Morgen des Heiligabends, an dem Maggie mein Glück rettete, starteten wir von Berlin in Richtung Thüringen, der Heimat meiner Frau. Geschlagene vier Stunden quälten wir uns mit dem Auto, um 250 winterliche Kilometer zurückzulegen, bei Wetterbedingungen, die man eigentlich bei einer Durchquerung Grönlands erwartet hätte.

»Es ist nicht ein einziger Parkplatz mehr frei«, stöhnte ich. »Das geht ja schon gut los.«

»Komm Schatz, stell ich dich einfach erstmal in die Einfahrt«, beschwichtigte meine Frau und schnappte sich nach dem Einparken Maggie und die Geschenketüte. »Gemeinsam packen wir das!«

Ein Lächeln huschte über unsere Gesichter. Doch schnell wurden wir in unserer Fröhlichkeit ausgebremst.

»Seid ihr auch endlich da?«, brummelte uns meine Schwiegermutter entgegen. »Wir haben noch so viel vorzubereiten. Helft doch mal schnell.« Meine Schwägerin Maria nickte mir kurz von der Couch aus zu.

Mein »Hallo, ihr zwei, schön euch zu sehen!« ging dabei direkt unter. Einmal Gast sein dürfen und nichts machen müssen, dachte ich still. Oder einfach über Weihnachten wegfliegen. Das wär's! Noch nicht zu Ende gedacht, drückte die Hausherrin mir auch schon eine Einkaufsliste in die Hand. »Kannst du noch mal schnell ins Kaufland fahren? Wir haben was vergessen.«

»Wir? Warum kann denn nicht Maria Einkaufen fahren?« Mein Kopf zuckte in Richtung Wohnzimmer. »Schaut die schon wieder Netflix?«

Ich erntete nur strenge Blicke.

»Hör auf zu stänkern. Du weißt genau, dass sie das beruflich macht. Sie muss sogar jetzt am 24. arbeiten, die Arme.«

»Für Netflix?«

»Nein, sie ist doch Blockerin oder Influenzarin, oder wie das heißt.«

Bei dem Wort Influencerin musste ich sofort an Grippe denken. Meine eigentlich arbeitsscheue Schwägerin arbeitete jetzt also schwer hinter ihrem iPad. Nur gut, dass man dabei auch rauchen konnte. Schwere Arbeit brauchte einen Ausgleich. Ein Grummeln durchfuhr meine Magengegend. Meine Frau, die mir folgte, erkannte die Vorboten sofort und lächelte verschmitzt: »Schatz, da müssen wir durch.« Auch meine Maggie witterte den Ärger in der Luft. Wir schauten uns an. Aber ein Blick in ihre treuen, braunen Hundeaugen genügte und sie gab mir durch ein Runzeln ihrer Falten zu verstehen: auf ins Getümmel, Herrchen. Jetzt wird es ernst.

Ich zwinkerte ihr zu. Sie verstand mich ohne Worte und wusste, wie dankbar ich für ihre Anteilnahme war.

Kopfschüttelnd gab ich meinen Widerstand auf. »Na los, Hase, wir müssen ins Kaufland. Kommst du?«

Doch meine Frau antwortete irgendwo entfernt im Haus: »Ich kann nicht mitkommen, Schatz. Ich muss noch alle Geschenke für die Kinder einpacken. Das sind so viele, ein Riesenstapel. Da brauche ich noch Stunden.«

Warum haben die die nicht schon längst eingepackt? Die liegen doch nicht erst seit gestern in unüberschaubaren Stapeln auf dem Dachboden. Doch wieder blieb ich stumm. Mein inneres Stress-Wetter-Barometer signalisierte aufziehende Gewitter. So fuhr ich missmutig in den vollkommen überfüllten Einkaufsmarkt, um die fehlenden Reste für das Festtagsmenü einzukaufen. Wohlgemerkt, eine Zitrone und einen Becher Schlagsahne. Die Zitrone passte zu meiner Stimmung.

Auf dem Rückweg stolperte ich fast über Maggie, die fröhlich aus dem Garten gerannt kam. »Ich komm noch früh genug zurück ins Weihnachtschaos«, murmelte ich leise, stellte die Minieinkaufstüte ab und knuddelte meine kleine dicke Fellmurmel.

Sie spürte meine Anspannung und warf mir einen mitfühlenden Blick zu. Plötzlich stupste sie mich mit ihrer feuchten Hundenase an und schien mir Mut machen zu wollen.

»Sei froh, dass du ein Hund bist, Maggie. Da bleibt dir viel erspart.« Sanft streichelte ich über ihr Fell, seufzte und wollte gerade entspannt durchatmen, da ertönte von drinnen die mütterliche Stimme: »Kannst du dich bitte mal beeilen? Ich brauche die Einkäufe in der Küche.«

Wohl wissend, was mich jetzt erwartete, betrat ich das Haus und stieß fast mit meiner Frau zusammen. Wie einen Turm von Bausteinen balancierte sie die verpackten Geschenkkartons vor ihrem Körper. »Warte, ich stell nur schnell den Einkauf in die Küche, dann mach ich dir die Tür zum Wohnzimmer auf.«

Hinter der Wohnzimmertür wurden wir geradezu von einer Horde wild gewordener Kinder und Erwachsener bestürmt. »Schön, dass ihr auch schon kommt, Onkel Tommi. Wir dachten schon, ihr kommt gar nicht mehr. Wir wollen endlich Geschenke auspacken.«

»Kinder, Kinder, Weihnachten geht es doch nicht nur um Geschenke, es geht doch um …« Mitten im Satz wurde ich unterbrochen. Verständnislose Augenpaare schauten mich fragend an. Mein Bauch grummelte vor Hunger. Betrübt stellte ich fest, dass mein

Plan, vor der Bescherung in Ruhe zu essen, nicht funktionieren würde. Kraftlos ließ ich mich in den Sessel fallen und ergab mich meinem Schicksal.

Mit Maggie auf der Couch. Das wär's! Alles wäre besser als so ein Heiliger Abend zwischen völlig über-zuckerten, hyperaktiven Neffen und Nichten, die im Akkord nach dem Weihnachtsmann riefen, dem auf-gedrehten Mops der Schwägerin und der halb tauben Oma, die in der Lautstärke eines startenden Düsen-jets gegen die Geräuschkulisse ansprach.

Nur eine saß ganz entspannt zwischen meinen Fü-ßen: Maggie.

Doch mein Glück hatte sich trotzdem in den schwärzesten aller Albträume verwandelt. Da half auch das sonst so beruhigende Grunzen von Maggie nichts.

Die Familie war nun fast vollzählig im Wohnzim-mer versammelt. Nur Schwiegervater fehlte. Der Ka-min heizte die Raumtemperatur steil nach oben, die Luft waberte, mein Blutdruck stieg ins Unermessli-che. Auch die Kinder und Hunde wurden unruhiger. Es war kaum zum Aushalten. Und dabei ging es gerade erst los. Als ich mich resigniert dem Chaos ergab, berührte mich etwas Kaltes. Maggie stupste mich sanft an meiner herunterhängenden Hand, sah zu mir hoch und – zwinkerte mir zu. Hatte sie mir wirklich zugezwinkert?

Doch sofort wurde ich wieder zurückgeholt, als klebrige Kinderhände auf meine Oberschenkel schlugen und die Kinder im Kanon riefen, was sie alles vom Weihnachtsmann zu bekommen hofften. Der Mops der Schwiegermutter zerrte das Lametta vom Weihnachtsbaum und Oma rief gegen die Geräuschkulisse: »Ja, ist denn heute schon Weihnachten?«

In diesem Moment hämmerte eine schwere, mit Lederhandschuhen bezogene Faust gegen die massive Holztür. »Hohoho«, schallte es verzerrt. Dazu kamen ein dumpfes Glockenläuten und eine Stimme, tief wie ein Kontrabass. Als sich die Tür von außen öffnete, trat ein maskierter Mann ins Wohnzimmer und verdunkelte augenblicklich das einfallende Licht des Flures. Keine Sekunde später brach die Hölle los. Mein Schwiegervater stand mehr oder weniger schlecht verkleidet im Türrahmen und wankte herein.

Dumpfe, laute Töne entglitten seinen Stimmbändern. »Hohoho, hier kommt der Weihnachtsmann!« Dazu schwang er eine alte, schwere Kuhglocke, hielt in der anderen Hand die Rute. Sämtliche Kinder verstummten sofort.

Auch der Mops zog sich quietschend hinter den Sessel zurück.

Nur Maggie blieb ruhig, zwinkerte mir erneut zu. Dann stürmte sie nach vorn, knurrte, bellte und stellte das sonst so seidige Fell auf. Erst wenige Zentimeter vor dem Weihnachtsmanndouble hielt sie an. Der Kostümierte ließ starr vor Schreck die Rute fallen und wich zurück. »Wer bist du denn? Warst du denn auch ein braver Hund?«, versuchte er die Situation zu retten.

Doch das war Maggie egal. Sie ließ nicht nach und bellte geflissentlich weiter. Nur einmal, ganz kurz, schaute sie zu mir zurück, direkt in meine Augen. Da begriff ich es endlich: »Aus, Maggie. Nein!«

Keine Reaktion.

»Die beißt den Weihnachtsmann«, riefen die Kinder im Chor. »Unsere Geschenke!«, schallte es aus den

Mündern, die ihre imaginären Wunschzettel davonschwimmen sahen.

»Maggiemaus, aus! Lass das!« Doch Maggie drehte mir nur wieder ihren kleinen hübschen Dickkopf zu und bellte energisch und unverdrossen weiter.

Du bist so clever, mein Mäuschen, dachte ich im Stillen und rief: »Sie hat sich bestimmt nur erschreckt. Ist doch alles neu für sie. Ich nehme sie und geh mit ihr hoch ins Esszimmer. Ihr feiert einfach weiter.« Gesagt, getan.

Mit Maggie auf dem Arm stieg ich die Treppe hinauf, setzte sie auf die Couch, gab ihr einen dicken Schmatzer auf die Wange. Dann holte ich einen Teller voll mit Kartoffelsalat und legte genüsslich zwei Würstchen für uns beide darauf.

Während ich mich neben Maggie setzte, zwinkerte ich ihr diesmal zu und spürte, wie mein Glück zurückkehrte. Mit jedem Bissen ein wenig mehr.

Danke Maggie!

DIE KATZE UND
DER WEIHNACHTSBAUM
CASSIA FLETCHER

Wenn's winterlich kalt und weiß ist drauß',
dann holt man sich 'nen Baum ins Haus.

Er wird gehegt, er wird geschmückt,
bis er leuchtet und entzückt.

Kaum ist man stolz auf seine Pracht,
ist auch schon die Katz erwacht.

Erst wird geräkelt und gestreckt
und dann auch noch das Fell geschleckt.

Ganz zahm schaut sie sich um
und schaut dabei ganz dumm.

Doch man weiß von letztem Jahr:
Der Baum ist in Gefahr!

Also werden Türen zu gemacht,
die Katze schnell weit weggebracht.

Doch egal wie sehr man sich bemüht,
der Spieltrieb in ihr ist erblüht.

Die Katze findet – wie man auch fleht –
den Weg dorthin, wo der Christbaum steht.

Mit leuchtenden Augen schaut sie ihn an
und pirscht sich dann ganz langsam ran.

Es fallen die Kugeln, es stürzen die Sterne,
denn so hat es die Katze gerne:

Wenn Chaos entsteht und alles wackelt,
solange nicht der Baum abfackelt.

Doch weil man seine Katz' ja kennt,
gibt's Lichterketten, damit nichts brennt.

Die Tür geht auf, man kommt herein.
Was macht die Katze hier? Oh nein!

Die Deko, sie liegt überall
und mit einem lauten Knall

fällt auch die Baumspitze hernieder.
Die Katze maunzt laut ihre Lieder,

während sie Lametta jagt
und immer größ're Sprünge wagt.

Durch ihr Geturne auf den Zweigen,
die sich schon gefährlich neigen,

lösen sich sogar die festen
Nadeln von den Tannenästen

und fliegen kreuz und quer durchs Zimmer
zusammen mit dem ganzen Glimmer.

Man denkt sich nur: »Oh wei, oh wei!
Da ist die Weihnachtsschweinerei!«

Das Kind kommt auch dazu und lacht,
denn von des Weihnachtsbaumes Pracht

ist leider nicht mehr viel geblieben,
doch alle die, die Katzen lieben,

werden sich dem Humor hingeben,
denn so ist es halt im Leben:

Schönheit ist ein flücht'ges Gut,
doch das wahre Glück beruht

auf der Liebe zu Mensch und Tier.
Und das gilt besonders hier

am Weihnachtsabend unterm Baum.
Dass er schief steht, stört da kaum.

25

STILLE NACHT, HEILIGE NACHT

Vom Zauber der Weihnachtszeit

DÄMMERUNGSZAUBER

ULLI REICHMANN

Als ich ein kleines Mädchen war, waren die Winter bei uns noch voller Schnee.

Die Wälder waren so tief verschneit, dass die Tiere dort kein Futter mehr finden konnten.

Mein Opa befüllte deshalb beinahe täglich seine »Buckelkraxn« (einen großen Korb, der wie ein Rucksack mit Tragegurten versehen war) mit Heu, schulterte sie und stapfte durch den Wald, um die Rehe und Hirsche zu bewirten.

Manchmal durfte ich ihn dabei begleiten.

Ich saß dann warm eingepackt, mit einer Tasse

Tee aus der Thermoskanne in der Hand, auf einem Jäger-Hochsitz und schaute ihm zu, wie er das Heu in die Raufen füllte, Salzlecksteine kontrollierte und den Boden nach Trittsiegeln, den »Fußabdrücken« seiner hungrigen Gäste absuchte, um deren Anzahl einschätzen zu können.

Es war dabei zwar immer noch dunkel, doch der helle Schnee ergab gemeinsam mit der heraufziehenden Dämmerung ein geheimnisvolles Zwielicht, das gleichermaßen Ruhe ausstrahlte wie Erwartungen schürte.

Die Morgendämmerung ist stets voller Hoffnung. Besonders im Winter und ganz besonders in der Weihnachtszeit. Sie ist die Tageszeit, in der Seelen heilen und neue Kräfte sammeln, bevor das helle Licht und die Kümmernisse des Alltags versuchen, diesen Zauber in den Hintergrund zu drängen.

Bis heute fühle ich mich dem Dämmerungszauber verbunden und ich weiß auch, warum.

Mein Opa war ein Jäger. Meine Oma hingegen konnte dem gesamten Waidwerk überhaupt nichts abgewinnen und niemals hätte sie unseren frühmorgendlichen Ausflügen zugestimmt, wenn es nicht eine Absprache unter ihnen gegeben hätte: Wenn das Kind mitkommt, bleibt die Flinte daheim!

Wir besaßen kein Auto. Zum Wald, den mein Opa hegte, mussten wir mit dem Fahrrad fahren. Im Winter sicher kein Szenario, das meine sehr fürsorgliche Großmutter sonst gutgeheißen hätte. Geduldet hat sie das wohl nur, weil an diesen Tagen eben ganz sicher nicht geschossen wurde.

Über schlecht geräumte Straßen rutschend, holpernd und mich als zusätzliche Last in einer Sitzvorrichtung am Lenker transportierend, waren diese Ausflüge für meinen Großvater sicher bedeutend anstrengender als für mich, aber er hat sich nie beschwert. Ich habe erst viel später begriffen, wie sehr er mich und den Wald wohl geliebt haben muss, um all das in Kauf zu nehmen, nur um uns einander näherzubringen, den Wald, seine Tiere und mich.

Für mich zählen diese Ausflüge zu den bedeutsamsten Ereignissen meiner Kindheit. Übertroffen nur noch von den seltenen Tagen, an denen uns Flott, der Jagdhund meines Onkels, begleiten durfte. Flott war alt und mochte bei Frost das Haus nicht mehr so gern verlassen. Außerdem stellte es einen kleinen Umweg dar, ihn abzuholen.

Manchmal passten aber Wetter, Flotts Zustand und der Wille zur längeren Fahrt zusammen und wir parkten das Fahrrad beim Haus meines Onkels, um zu dritt weiterzuziehen. So auch an einem Weihnachtstag vor fünfzig Jahren.

Mein Opa ging voran, den Weg für uns feststampfend, danach Flott und hinter ihm dann ich.

Schon damals schien mir alles leichter, interessanter und noch schöner zu sein, wenn ein Hund dabei war.

Ich hatte großen Respekt vor Flott und beobachtete ihn immer ganz genau. Wenn ihn etwas interessierte, musste ich sofort nachschauen, was das wohl sein könnte. Blieb er stehen, stand ich auch. Es erschien mir seiner Würde angemessen, ihn nicht zu überholen.

Nie hätte ich ihn berührt, ohne vorher um seine Erlaubnis zu fragen, und war dann immer ganz stolz und ergriffen, wenn er die vermutlich ungeschickten Streicheleien meiner kleinen Hände zuließ. Peinlich darauf bedacht, ihm nicht lästig zu sein, hörte ich auch sofort wieder damit auf, wenn er fand, es sei jetzt genug der Vertraulichkeiten, und sich ein Stück von mir entfernte.

Sein ganzes Jagdhundeleben lang verbrachte Flott die Zeit, in der mein Onkel oder mein Opa sich auf dem Hochsitz befanden, darunter liegend und auf seinen Einsatz wartend. Flott war ein Deutsch Kurzhaar und dementsprechend mit kurzem Fell ohne wärmende Unterwolle ausgestattet.

Entweder war mein Opa durch die Weihnachtszeit empfindsamer oder meine Anwesenheit hatte ihn auf die Idee gebracht, aber an diesem besonderen Weihnachtstag musste Flott nicht unten bleiben und frieren. Mein Opa hievte ihn die schmale Holzleiter hinauf, setzte ihn neben mich und wickelte eine Decke um uns beide, bevor er sich auf den Weg zu den Heuraufen machte.

Da saßen wir nun, durch die schwere Decke aneinandergedrückt und ich wagte kaum, mich zu bewegen. Zu angenehm war die Wärme und die zwar künstlich herbeigeführte, aber dadurch nicht weniger wohltuende, Nähe. Ihm ging es wohl genauso, denn irgendwann entspannte sich der Hundekörper neben mir und Flott legte sich bequem hin, ohne Abstand zu suchen. Mutig geworden schlang ich die verrutschte Decke wieder enger um ihn und nahm mir einen Becher heißen Tee aus meinem Rucksack. Den angebotenen Tee verweigerte mein Deckengenosse, aber den ebenfalls mitgebrachten Apfelkuchen durfte ich mit ihm teilen.

Versonnen betrachteten wir gemeinsam den ruhigen Wald, lauschten den leisen Geräuschen, die mein Opa beim Befüllen der Raufen machte, und langsam glitt ich ganz ungewollt und sanft in Morpheus Arme.

Plötzlich schreckte ich hoch. Flotts Muskeln hatten sich angespannt. Er hob den Kopf. Die Intensität seines Blickes zwang mich dazu, sofort ebenfalls in diese Richtung zu schauen.

Der Schnee, das zaghafte Licht der Dämmerung, die dunklen Baumstämme – die ganze Welt war grau und inmitten dieser Farbverweigerung stand eine kleine leuchtende Kugel. Ich blinzelte ein paar Mal, um den Schlaf aus meinen Augen zu vertreiben. Die Kugel nahm Gestalt an. Ein Fuchs! Der erste Fuchs, den ich in meinem Leben zu Gesicht bekommen habe. Er stand zwischen den Bäumen, so nah, dass ich die Luft anhielt, um ihn nicht zu verscheuchen. Wachsam und voller Stolz stand er da. Sein kluges Gesicht, sein prächtiges Fell, sein buschiger Schwanz – all das erschien mir wie ein flammendes Wunder von erhabener Schönheit. Wild und frei war er und er war hier zu Hause. Mir wurde schmerzlich bewusst, wie verletzlich dieses Zuhause war, und ich schämte mich unserer Anwesenheit.

Ich sah ihn an und an der Stelle, wo mein wild klopfendes Herz saß, öffnete sich eine Pforte, die nur ganz besonderen Wesen Einlass gewährt, wie ich inzwischen weiß. Er schaute in meine Richtung und ich möchte gerne glauben, dass die besonderen Wesen diese geöffnete Pforte erkennen und die Einladung annehmen. Mit Sicherheit weiß ich das aber nicht.

Eine geschmeidige Bewegung und wie ein Windhauch war er verschwunden.

Mein Opa kam zurück, kletterte die Leiter hoch und erzählte mir bedauernd, dass ich gerade einen Fuchs verpasst hätte. Ich war zu aufgewühlt, um diesen Irrtum aufzuklären, denn ich hatte viel mehr gesehen als einen Fuchs.

Erst Tage später konnte ich von meinem Erlebnis berichten. Mein Opa sah mich nachdenklich an und lächelte. Seine Saat war wohl aufgegangen. Und die meiner Oma auch.

In der Weihnachtszeit sind die Menschen geneigt, an Wunder zu glauben. Manche Wunder sind schnell wieder vergessen. Manche halten aber ein Leben lang an und das sind dann die echten.

Vor fünfzig Jahren habe ich den Zauber der Dämmerung erlebt. Füchse verkörpern ihn und Hunde bewahren ihn im Alltag. Das ist der immerwährende Vertrag und an solche Dinge glauben zu können ist für mich untrennbar mit Weihnachten verbunden. Und mit meinen Großeltern.

EIN WEIHNACHTSMÄRCHEN

TINA ALBA

Sie weiß nicht, was das Wort »Winter« bedeutet. Sie weiß nur, dass es kalt ist in der Scheune hinter dem Hof ihres neuen Herrn. In diese Scheune war sie geflüchtet, als ihre kleine Familie, Mutter und drei Geschwister, von einem der wilden Stürme überrascht wurde, die in dieser Jahreszeit das Land so oft heimsuchen. Schneeregen war gefallen wie ein dichter Vorhang aus fließendem Grau, in dem die kleine weiße Katze nur noch Schatten hatte erkennen können. Schatten, die sich mit jedem Schritt, den sie sich gegen Wind und Wasser stemmte, kleiner und schemenhafter geworden waren. Das Brausen in der Luft, das allgegenwärtige Prasseln der Tropfen auf den Blättern der Bäume über ihnen, hatte ihre Rufe verschluckt. Mutter und Geschwister waren weitergegangen, hatten sie verloren, vergessen.

Die Scheune hatte sich erst einmal als Rettung erwiesen, ein trockener Platz, der nach Rindern und Stroh duftete und angenehm warm war. Bei den Rindern hatte sie ausgeruht. Der Bauer hatte sie mit einer hochgezogenen Braue zur Kenntnis genommen. »Wenn du ein guter Jäger wirst, kannst du bleiben, Winterkatze«, hatte er gesagt. Die kleine weiße Katze verstand die Worte nicht, doch die Haltung des Bauern hatte ihr ganz genau gesagt, was er von ihr erwartete – dass sie jagen musste, wenn sie bleiben wollte, und dass »Winterkatze« von nun an ihr Name war.

Die kleine Winterkatze wusste nun, was es bedeutete, einsam und verlassen zu sein. Die Brüder und Schwestern, mit denen sie hatte lernen sollen, wie man auf einem Bauernhof überlebt, waren fort und die Mutter, die gerade erst begonnen hatte, sie zu lehren, wie man Mäuse jagte, mit ihnen. Die Winterkatze vermisste sie. Sie war noch zu jung, um gut zu jagen. Wenn die beiden alten Stallkatzen vier, fünf Mäuse fingen, fing sie gerade mal eine und oft genug entkamen ihr die flinken Nager auch wieder.

Eines Abends schließlich scheuchte der Bauer die Winterkatze aus der Scheune. »Fang Mäuse wie die anderen! Sorg für dich selbst, ich kann dich nicht durchfüttern.« Hinter ihr klappte die Tür zu und der

Laut war so endgültig, dass die kleine weiße Katze zusammenzuckte und ihr Fell sträubte.

Es war finster. Die Winterkatze hatte in ihrem kurzen Leben noch nie so eine dunkle Nacht gesehen. Eine dünne Schneedecke lag über dem Hof, den Feldern und den verkrüppelten Bäumen und der aufziehende Nebel schlug sich als Raureif auf allem nieder, was sich vom Boden erhob. Bäume und Büsche waren weiß wie ihr Fell. Ihre Pfoten hinterließen kleine Abdrücke im Schnee. Es war kalt. Und sie war allein. Die Winterkatze fürchtete sich und hungrig war sie auch. Verzweifelt legte sich die Winterkatze in den Schnee und sah dann noch einmal zum Himmel auf. Sie wollte ein letztes Mal den Mond sehen, der so silbrig war wie ihr Fell, und den Himmel, der so blau war wie ihre Augen. Und dann sah sie ihn. Einen Stern. So einen Stern hatte sie noch nie in ihrem kurzen Leben gesehen. Er stand nicht still wie die anderen Sterne, er war auch kein kleiner heller Punkt, der am Himmel glitzerte. Nein, dieser Stern hatte einen langen silbrigen Schweif wie sie selbst und er lief über den Himmel, als sei er eine Katze, die die anderen Sterne wie Mäuse über das Firmament jagte. Die Winterkatze setzte sich auf, spitzte die Ohren und sah zu dem Stern am Himmel. Ob er ein Zeichen war? Ein Stern ganz für sie allein? Ein Katzenstern? Sie beobachtete ihn eine Weile, sah ihm zu, wie er wanderte, bis er auf einmal stehenblieb. Größer und heller als all die anderen Sterne funkelte er und er hatte seinen leuchtenden Schweif um sich geschlungen wie eine Katze, die sich zur Ruhe niederlässt. Die Winterkatze kannte den Ort, an dem der Stern stehengeblieben war, und sie fragte sich, was ein so wundervoller Stern über einem so schäbigen Ort wie dem alten Schuppen da draußen auf den Feldern zu suchen hatte. Sie wusste, dass der Schuppen den Leuten gehörte, auf deren Hof sie sich befand. Leuten, die, wie sie heute festgestellt hatte, nicht nur unfreundlich zu kleinen Katzen waren und sie nicht ins Haus ließen, nein, auch zu anderen Leuten waren diese Leute unfreundlich gewesen. Immer wieder hatten Menschen um Quartier gebeten, das Dorf war voller Fremder in diesem Winter – aber genau wie die Winterkatze waren all die Fremden abgewiesen worden. Sie durften nicht in die Stube ans warme Feuer. Sie durften noch nicht einmal in die Scheune oder in den Stall.

Die Winterkatze saß im Schnee und sah den Stern an.

Und der Stern schien über dem Schuppen zu hängen und mit seinem Strahlen und Funkeln der kleinen weißen Katze zuzublinzeln. Die Katze blinzelte zurück und der Stern funkelte wieder. Da wusste die Katze, dass es ein freundlicher Stern war, der sogar die Katzensprache sprach – denn ein Zwinkern bedeutet in der Sprache der Katzen ein Lächeln und ein »Ich habe dich gern!«. Und nachdem der Stern das zu der kleinen weißen Katze gesagt hatte, da hielt sie nichts mehr auf dem Hof. Durch den Schnee rannte und sprang sie und ihr buschiger weißer Schwanz wehte hinter ihr her wie der Schweif des Sterns. Sie rannte aufs Feld hinaus und auf den Schuppen zu, über dem der Stern noch immer stand und sein »Ich habe dich gern!« in die Welt hinaus blinzelte.

Schon von weitem bemerkte die Winterkatze, dass dort bei dem Schuppen nichts so war, wie sie es kannte. Nicht nur, dass ein großer Stern mit einem Schweif über dem Schuppen hing, nein – da waren auch Leute!

Die Winterkatze hielt inne, eine Pfote erhoben, und schnupperte in die Nacht. Es duftete auch ganz anders als sonst. Sie roch den Ochsen und den Esel, die bei Wind und Wetter auf den Feldern und im Schuppen lebten, aber sie roch auch noch etwas. Schafe und Lämmer. Wahrscheinlich waren die Männer, die sich um den Schuppen drängten, zum Teil Hirten, die mit ihren Tieren von den benachbarten Feldern gekommen waren. Hirten waren in dieser Gegend keine Seltenheit, wohl aber die anderen Männer, die ebenfalls vor dem Schuppen standen und nun langsam hineingingen und sich vor etwas, das im Schatten lag, hinknieten. Die Kleider dieser Männer glitzerten im Licht des Sterns, als seien sie selbst Sterne.

Langsam kam die Winterkatze näher. Lautlos trabte sie durch den Schnee, nur ihre Spuren zeigten, dass sie dort gegangen war. In der Nähe des Schuppens duckte sie sich hinter einen Busch und spähte zu den Leuten, die sich versammelt hatten. Wie friedlich alles aussah!

Leise rieselten Schneeflocken herab, sie setzten sich auf das Dach des Schuppens, aber sie blieben dort nicht liegen. Sobald sie das Dach berührten, schmolzen sie zu Wasser. War es dort etwa warm?

Die Winterkatze leckte sich die kalten, schmerzenden Pfoten. Was würde sie geben für einen warmen Platz, für ein Schälchen Milch, für eine sanfte Stimme oder gar eine streichelnde Hand! Stimmen drangen an ihr Ohr, leise Stimmen, sanfte, freundliche, überraschte Menschenstimmen. Sie sprachen von dem Stern und dass er die Geburt eines besonderen Kindes angezeigt hätte – eines Kindes, das einst als König den Frieden bringen sollte. Ein Kind, an so einem erbärmlichen Ort, ein Königskind? Die Winterkatze wagte sich aus ihrem Versteck und schlich näher. Sie wusste, dass die Menschen sie kaum sehen würden im Schnee, ihr weißes Fell tarnte sie gut.

Als sie spürte, dass tatsächlich Wärme von dem Schuppen ausging, lief die Winterkatze schneller. Ohne daran zu denken, dass die Leute sie vielleicht fortjagen würden, schlüpfte sie zwischen den Beinen eines Hütejungen hindurch ins wärmende Stroh. Oh, wie war das schön! Die Menschen und die Tiere strahlten Wärme aus, die mehr war als nur die Wärme eines Feuers oder eines Ofens. Die Winterkatze spürte es ganz deutlich – das, was diesen Schuppen am allermeisten wärmte, war nicht das Feuer der Hirten oder die kleine müde Laterne, die über der Futterkrippe hing und ein in zerlumpte Decken und ärmliche Windeln gewickeltes Neugeborenes beleuchtete. Das, was diesen kleinen Schuppen wärmte, war Liebe.

Die Winterkatze seufzte tief und kroch unter die Krippe. Da würde sie keiner sehen, da konnte sie ausruhen, da konnte sie schlafen, auch wenn das kleine Kind beständig jammerte und leise vor sich hin weinte. *Wahrscheinlich*, dachte die Winterkatze, *ist dem armen Ding genauso kalt wie mir. Aber das Kind hat immerhin noch seine Mutter.*

»Was ist denn das?«

Oh, es hatte sie doch jemand gesehen! Eine Hand streckte sich nach ihr aus, eine große dunkle Männerhand.

»So klein – das kann doch kein Lamm sein!«

Die Hand kam näher. Ganz fest schloss die Winterkatze die Augen. Sie wartete darauf, am Nackenfell gepackt und in den kalten Schnee zurückgeschleudert zu werden, mitten hinein in die Pfoten des alten Katers Tod. Doch wie überrascht war die kleine weiße Winterkatze, als die Hand sie nicht grob am Kragen packte, sondern sich im Gegenteil ganz sacht erst auf ihren Rücken legte und dann ganz behutsam unter ihren Bauch schob. Die Winterkatze fühlte sich unter der Futterkrippe hervorgezogen und von den großen warmen Händen gehalten.

»Seht her – sogar die streunenden Katzen kommen, um den neuen König zu grüßen!«, hörte die Winterkatze eine andere Stimme.

»Nein«, sagte die erste Stimme. »Nein, das ist kein Gast, der kommt, um zu huldigen. Das ist der erste Bittsteller, der zu dem neuen König kommt. Schaut sie euch an, ganz dünn und verfroren ist sie, das arme Ding!«

Die Winterkatze spürte, wie sie in etwas Weiches gehüllt wurde. Als sie die Augen öffnete, sah sie, dass einer der drei reich gekleideten Männer sie in den Bausch seines Gewandes gesetzt und mit seinem Umhang zugedeckt hatte. Der Mann hatte dunkle Haut und dunkle Augen, krauses schwarzes Haar und das breiteste und wärmste Lächeln, das die Winterkatze je gesehen hatte.

»Sie ist so weiß wie du schwarz bist, Melchior«, sagte einer der beiden anderen reich gekleideten Herren. »Hirte, haben deine Schafe noch ein wenig Milch?«

Für die Winterkatze geschah in diesem Augenblick ein Wunder. Sie wurde gestreichelt und gewärmt, die Menschen gaben ihr Milch und kleine Bröckchen Schafskäse. Sie war so überwältigt und so dankbar, dass sie zu schnurren begann, während sie die Milch trank und den Käse fraß. Das Kind in der Krippe hörte das wunderbare Geräusch, dieses Schnurren, und sofort hörte es auf zu weinen. Die Winterkatze hüpfte von Melchiors Schoß, stellte sich an der Krippe auf die Hinterbeine und sah das kleine Kind an.

Das Kind lächelte und blickte zurück, genau in die blauen Augen der Katze. In diesem Moment färbten sich die Augen des Kindes blau wie der Himmel und deswegen haben seit dieser Nacht alle neugeborenen Menschenkinder und alle neugeborenen Katzenkinder blaue Augen, blau wie der Himmel und leuchtend wie der Stern mit dem Schweif. Die Winterkatze schnurrte und schnurrte, sie schnurrte die ganze Nacht hindurch und tat damit das Ihre zu der Liebe, die den Schuppen wärmte. Sie hatte die Ruhe gebracht und die Menschen im Schuppen nahmen ihr Geschenk dankbar und mit Freuden an. In dieser Nacht schlief das Kind friedlich.

Melchior nahm, als er und seine Freunde sich wieder auf den Weg in ihre Heimat machten, die kleine weiße Winterkatze mit. Denn in dem Reich, aus dem er kam, gab es keinen Winter und keinen Schnee. Um den Menschen dort zu erklären, was Winter und was Schnee waren, brauchte er die kleine Winterkatze mit dem weißen Fell und den blauen Augen. Außerdem hatte er die kleine Katze lieb gewonnen, und sie würde ihn mit ihrem Schimmerpelz und dem langen buschigen Schweif immer an den Stern erinnern der ihn und seine zwei Freunde zu dem ganz besonderen Kind geführt hatte.

FROHES FEST!
KARIN TAMCKE

Sie waren ahnungslos, kannten nicht den Plan, obwohl sie die Hauptrolle spielten. Sie taten lediglich, was man von ihnen verlangte, so wie sie immer taten, was man von ihnen verlangte. Ihr ganzes Begehren und Handeln ging von anderen aus, die gaben die Richtung vor. Schon von Anfang an. Die beiden Border Collies übernahmen für sie das Denken. Und die Schafe der großen Herde fügten sich ohne Wenn und Aber. So wollig wie ihr Fell war auch ihr Gemüt. Krause Gedanken zerfaserten sich schnell zu phlegmatischer Unterordnung. Sie konzentrierten sich aufs

Fressen, ergaben sich der Bequemlichkeit der bellenden Fremdbestimmung. Solange sie Bestandteil einer Herde waren, zeigte sich das Dasein als Zustand der Zufriedenheit, daher war ihnen nicht bewusst, was sie zu vollbringen hatten. Sie belasteten sich nicht mit Fragen.

Die Hunde wiederum unterstanden einer anderen Macht. Das war der Schäfer, ihr Herr und Meister. Es machte ihnen Freude, mit ihm zu kommunizieren, neue Befehle zu lernen, sie zu verinnerlichen und stets abrufbar zu halten. Sie waren geboren worden für ein geistig reges Leben. Und so konnte man vom stabilen Gerüst all dieser dienstbaren Geister auch das Große erwarten. Die lebenden Module fügten sich ineinander und waren dafür geschaffen, den Plan zur Vollendung zu bringen.

Für den Schäfer selbst wurde es nicht einfach. Er trug die Last der Verantwortung am Gelingen der Idee. Doch der Gedanke war so verlockend, dass er das Neue wagen, den aufregenden Weg beschreiten wollte. Er tüftelte und probierte, durchdachte Schritte, arbeitete aus, verwarf und skizzierte neu, bis er meinte, es könnte so klappen.

Dann begann das spezielle Training mit den beiden Hunden. Sie liebten ihre Arbeit und auch die Herausforderungen. Sie übernahmen die neuen Kommandos mit froher Begeisterung.

Die Schafe wunderten sich kaum. Solange sie nicht denken mussten, war die Welt für sie in Ordnung. Es gab verschiedene Areale, die sie abzugrasen hatten. Das war ihre Pflicht und die erfüllten sie mit monotoner Emsigkeit. Sie grasten auf ebenen Flächen, aber auch auf den Hügeln der bergigen Umgebung. Und immer grasten sie im Pulk.

Allerdings geschah es nun, dass die Hunde begannen, die Herde zu zersprengen, einzelne Grüppchen abzuteilen. Das wollte den Schafen nicht gefallen, denn ihre Hauptaufgabe war das Bilden einer Herde. Einer intakten Herde. Folglich versuchten sie, die Grüppchen zu sabotieren und wieder zum Ganzen zusammenzufügen. Doch die beiden Hunde zeigten sich unerbittlich, weil sich auch der Schäfer unerbittlich zeigte. Der registrierte die Schwierigkeiten, doch er war nicht gewillt, die Sache aufzugeben. Die Schafe mussten sich gewöhnen. Und sie gewöhnten sich. Bald verließ sie der Widerwille, wenn man sie auseinandertrieb. Ihnen wurden von den Hunden seltsame Wege aufgezwungen und fügsam liefen die Schafe diese sonderbaren Wege. Sie vergaßen ihren Trotz, ballten sich zu Kreisen, reihten sich zu Linien, strebten sternförmig auseinander.

Die Merkwürdigkeiten gingen weiter: Über ihre wolligen Körper wurden Leibchen gezogen, auf dem Rücken bestückt mit Lämpchen. Mit vielen kleinen LEDs. Die Schafe hatten das Wundern schon lange eingestellt. Deshalb wunderten sie sich nicht mehr über die ungewohnte Bekleidung. Auch waren die Leibchen so bequem, dass sie sie kaum spürten. Die Schafe durchschauten nichts, ließen sich aber willig leiten. Das Training wurde intensiver, der Termin rückte immer näher, dann war alles geschafft und bereit.

Der Heilige Abend kam und die Menschen strömten zur Kirche. Da hielten sie plötzlich inne auf ihrem Weg zum Gotteshaus. Schauten hoch zu dem Berghang. Was war das für eine Erscheinung? Ein Meer von leuchtenden Pünktchen bewegte sich durch die Dunkelheit. Mit großem Staunen sahen die Menschen, wie sich die vielen kleinen Lichter zu einer Spirale fanden, sich wieder lösten aus dieser Form, sich gruppenweise verdichteten und blinkende Kreise schufen und wieder auseinander strebten. Und genau in dem Moment, als die Glocke zu läuten begann, ergab sich aus dem Lichtergemenge eine funkelnde Botschaft. Weithin lesbar stand auf dem Hügel, aus lebenden Lettern geformt: FROHES FEST!

FRÖHLICHE WEIHNACHT ÜBERALL

Von zwischenmenschlicher Wärme
und der Liebe zu den Tieren

AUSZUG AUS »TIERARZT«

DR. JAMES HERRIOT

Dieser Klang war anders. Ich war beim Läuten der Glocken eingeschlafen, die vom Kirchturm her zur Mitternachtsmesse riefen, aber jetzt drang ein durchdringender, schriller Ton an mein Ohr.

Es fiel mir schwer, das Gefühl der Unwirklichkeit abzuschütteln, das ich seit gestern abend empfand. Gestern – Heiligabend. Alle Erwartungen, die ich je von Weihnachten gehegt hatte, waren erfüllt worden, ich war tief bewegt. Diese Gemütsbewegungen waren in mir erwacht, als ich am Nachmittag in ein kleines Dorf gerufen wurde, wo hoher Schnee die einzige Straße, die Mauern und die Gesimse der Fenster bedeckte, in denen die Lichter der mit Flitterwerk geschmückten Tannenbäume rot, blau und golden glänzten; und auf dem Nachhauseweg fuhr ich in der Abenddämmerung unter den verschneiten Ästen einer Gruppe von dunklen Fichten hindurch, die so still und regungslos dastanden, als seien sie auf den weißen Hintergrund der Felder gemalt. In Darrowby war es bereits dunkel, die kleinen Läden um den Marktplatz waren mit Tannenzweigen geschmückt, und das Licht der Schaufenster fiel in einem sanften gelblichen Schimmer auf den niedergetretenen Schnee des Kopfsteinpflasters. Bis zur Unkenntlichkeit vermummt und vorsichtig Fuß vor Fuß setzend, damit sie nicht ausrutschten, machten die Leute ihre letzten Einkäufe.

Ich hatte in Schottland viele Weihnachten erlebt, aber sie waren immer hinter den Neujahrsfeiern zurückgeblieben, man kannte dort nicht jene Atmosphäre unterdrückter Erregung, die damit begann, daß die Leute sich schon Tage vor dem Fest gute Wünsche zuriefen, daß farbige Lichter auf den einsamen Berghängen blinkten und die Bauersfrauen, die Füße unter einem Berg von Federn begraben, die fetten Gänse rupften. Und volle zwei Wochen lang hörte man die Kinder auf den Straßen Weihnachtslieder anstimmen und anschließend an die Türen klopfen, um ihren Lohn in Empfang zu nehmen. Und am schönsten von allem gestern abend der Gesang des Methodistenchors draußen, der die stille Nachtluft mit sattem, erregendem Wohlklang erfüllt hatte.

Ich beschloß, vor dem Schlafengehen noch einmal auf den Marktplatz zu gehen. Als ich das Haus verließ, fingen gerade die Kirchenglocken an zu läuten. Der Platz lag verlassen, das weiße Rechteck erstreckte sich glatt, kalt und menschenleer unter dem Mondlicht, und es lag ein Hauch von Dickens über den Häusern und Läden, die den Platz umstanden. Als sie errichtet worden waren, hatte noch niemand an Stadtplanung gedacht: hoch und niedrig, breit und schmal säumten sie, eng aneinandergepreßt, die Fläche, und ihre mit Schnee beladenen Dächer hoben sich wie ungleichmäßige Zacken von dem dunklen Himmel ab.

Als ich, vom Klang der Kirchenglocken begleitet, über den knirschenden Schnee zurückging, hüllte mich das Wunder und Mysterium der Weihnacht ein. Friede auf Erden und den Menschen ein Wohlgefallen: Die Worte nahmen eine bisher ungeahnte Bedeutung an, und ich sah mich plötzlich als winziges Teilchen im Plan des Lebens: Darrowby, die Bauern, die Tiere und ich erschienen mir zum erstenmal wie eine freundliche, beglückende Einheit. Ich hatte nichts getrunken, aber mir kam es vor, als schwebte ich die Treppe zu unseren Zimmern hinauf.

Helen schlief schon, und als ich mich ins Bett legte, schwelgte ich noch immer in meiner Weihnachtseuphorie. Morgen würde es nicht viel Arbeit geben: Wir konnten lange schlafen – vielleicht bis neun – und den Tag in vollen Zügen genießen, der uns eine willkommene Atempause in unserem arbeitsreichen Leben bescherte. Beim Einschlafen meinte ich, Gesang zu hören, süß und wohlklingend wie der Methodistenchor – schlaf in himmlischer Ruh …

Aber jetzt ertönte diese andere Glocke, die nicht aufhören wollte. Wahrscheinlich der Wecker. Als ich jedoch versuchte, ihn abzustellen, läutete es weiter, und ich sah, daß es sechs Uhr war. Dann war es also das Telefon. Ich nahm den Hörer ab. Eine metallische Stimme, energisch und hellwach, drang mir schmerzhaft ins Ohr: »Ist dort der Tierarzt?«

»Ja, hier spricht Herriot«, murmelte ich.

»Hier ist Brown, Willet Hill. Ich habe eine Kuh mit Milchfieber. Ich brauche Sie sofort.«

»Gut, ich komme.«

»Beeilen Sie sich.« Dann ein Knacken am anderen Ende.

Ich drehte mich auf den Rücken und starrte zur Decke empor. Dies war also Weihnachten. Der Tag, an dem ich mich ein bißchen von der Welt hatte zurückziehen und in Festtagsstimmung schwelgen wollen. Ich war nicht darauf gefaßt gewesen, so brutal in die Wirklichkeit zurückgerissen zu werden, noch dazu von diesem Kerl, der nicht ein Wort des Bedauerns oder der Entschuldigung vorgebracht hatte. Kein »Es tut mir leid, Sie aus dem Bett zu holen« oder etwas Ähnliches, ganz zu schweigen von »Fröhliche Weihnachten«. Es war schon ein wenig bitter.

Mr. Brown wartete im Hof auf mich. Es war noch völlig finster. Ich war früher schon ein paarmal hier gewesen, und als ich ihn im Licht der Scheinwerfer dastehen sah, war ich wie stets beeindruckt von seiner kraftvollen Erscheinung. Er war ein großer, breitschultriger Mann von etwa vierzig mit hohen Bakkenknochen und scharfen Zügen. Unter der karierten Mütze sah rotes Haar hervor, und ein rötlichbrauner Flaum bedeckte Wangen, Hals und Handrücken. Bei seinem Anblick verstärkte sich mein Gefühl der Müdigkeit nur noch.

Er sagte nicht »Guten Morgen«, sondern nickte nur kurz und deutete mit dem Kopf in Richtung des Stalls. »Da drüben«, war alles, was er sagte.

Er sah schweigend zu, wie ich der Kuh die Spritzen gab, und erst als ich die leeren Flaschen in die Tasche steckte, fragte er: »Mit dem Melken ist es wohl heute nichts?«

»Nein«, erwiderte ich. »Lassen Sie das Euter voll.«

»Irgendein besonderes Futter?«

»Nein, sie kann alles fressen, was sie will.« Mr. Brown war ein sehr gründlicher Mann und wollte es stets ganz genau wissen.

Als wir den Hof überquerten, blieb er plötzlich stehen und wandte sich mir zu. Hatte er etwa die Absicht, mich zu einer Tasse heißen Tee ins Haus zu bitten?

»Ach, noch eins«, sagte er, während ich in der eisigen Morgenluft knöcheltief im Schnee stand, »dieses Milchfieber ist in letzter Zeit ein paarmal vorgekommen. Vielleicht mache ich was falsch. Könnte es sein, daß ich meinen Kühen zuviel abverlange?«

»Das ist sehr leicht möglich.« Ich ging eilig auf den Wagen zu, denn ich war nicht gewillt, Mr. Brown zu dieser Tageszeit einen Vortrag über Viehzucht zu halten.

Ich hatte bereits die Hand am Türgriff, als er sagte: »Ich rufe Sie an, falls die Kuh bis Mittag nicht auf den Beinen ist. Übrigens – die Rechnung, die ich letzten Monat bekommen habe, war mehr als hoch. Bestellen Sie Ihrem Chef, er soll nicht so wild mit seiner Feder umgehen.« Sprach's und verschwand in der Dunkelheit.

Ausgesprochen reizend, dachte ich bei mir, als ich losfuhr. Kein Dankeschön oder auf Wiedersehn, nur eine Beschwerde und die verheißungsvolle Ankündigung, mich wenn nötig von meinem Gänsebraten fortzuholen. Eine Welle des Zorns stieg in mir auf. Verdammtes Bauernvolk! Es gab wahrhaftig widerwärtige Ekel darunter. Mr. Brown hatte mir meine Festtagsstimmung gründlich verdorben.

Als ich in Skeldale House die Treppe zu unserer Behausung hinaufstieg, hatte sich die Dunkelheit in ein frostiges Grau verwandelt. Helen kam mir im Flur mit einem Tablett in den Händen entgegen.

»Jim, mein Liebling«, sagte sie, »es tut mir schrecklich leid, aber du mußt zu einem weiteren dringenden Fall. Siegfried ist auch schon abgerufen worden. Aber trink erst eine Tasse Kaffee und iß ein Brötchen dazu – es ist alles schon fertig. Komm, setz dich.«

Ich seufzte. Also doch ein Tag wie jeder andere. »Um was dreht es sich?« fragte ich, während ich meinen Kaffee trank.

»Der alte Mr. Kirby macht sich große Sorgen um seine Ziege«, erwiderte Helen.

»Seine Ziege!«

»Ja, er sagt, sie sei am Ersticken.«

»Am Ersticken! Woran, zum Teufel, soll sie denn ersticken?« schrie ich.

»Ich weiß es wirklich nicht. Und ich wünschte, du würdest mich nicht so anschreien, Jim. Es ist nicht meine Schuld.«

Ich wurde rot vor Scham. Was für ein Recht hatte ich, meine schlechte Laune an Helen auszulassen? Eine typische Angewohnheit von Tierärzten, den zufälligen Überbringer einer mißlichen Nachricht mit dem eigenen Ärger zu konfrontieren, aber es ist nichts, worauf ich stolz wäre. Ich streckte die Hand aus, und Helen nahm sie.

»Es tut mir leid«, sagte ich und trank verlegen meinen Kaffee aus. Mein Gefühl der Nächstenliebe war auf einem absoluten Nullpunkt angelangt.

Mr. Kirby war ein Bauer, der sich aufs Altenteil zurückgezogen, sich aber vernünftigerweise ein kleines Haus mit einem Stück Land genommen hatte, wo er genügend Vieh halten konnte, um sich die Zeit zu vertreiben – eine Kuh, ein paar Schweine und seine geliebten Ziegen. Auch früher hatte er immer Ziegen gehabt; er war geradezu vernarrt in diese Tiere.

Das Häuschen lag in einem Dorf oben in den Dales. Mr. Kirby erwartete mich am Tor.

»Hallo, junger Mann«, sagte er. »Es tut mir aufrichtig leid, Sie so früh am Morgen zu belästigen und noch dazu an Weihnachten, aber es blieb mir nichts anderes übrig. Dorothy ist wirklich schlimm dran.«

Er ging mir voran zu einer Steinhütte, in der mehrere Hürden abgeteilt waren. Aus einer davon sah uns ängstlich eine große weiße Ziege entgegen. Ich beobachtete sie eine Weile: Sie würgte, hustete ein paarmal, rang nach Atem und stand dann zitternd da.

Die Augen weit aufgerissen, wandte sich der Bauer mir zu. »Sie sehen, ich mußte Sie rufen. Wenn ich bis morgen gewartet hätte, wär sie verendet.«

»Nein, Sie durften nicht warten, Mr. Kirby«, erwiderte ich. »Sie scheint irgendetwas im Hals zu haben.«

Wir betraten den Verschlag, und während der alte Mann das Tier gegen die Wand gedrückt hielt, versuchte ich, das Maul der Ziege zu öffnen, was ihr nicht zu gefallen schien. Als ich ihre Kinnbacken auseinanderstemmte, überraschte sie mich mit einem lauten, langgezogenen, fast menschlich klingenden Schrei. Ich bohrte den Zeigefinger tief in den Schlund hinein. Da steckte tatsächlich etwas. Ich konnte es fühlen, bekam es aber nicht zu fassen. Dann warf das Tier den Kopf herum, und ich mußte die Hand herausziehen; schweigend und nachdenklich betrachtete ich Dorothy.

Schließlich wandte ich mich an den Bauern. »Irgendwie seltsam. Ich fühlte etwas Weiches – wie Stoff. Ein winziges abgebrochenes Stück von einem Zweig

wäre einleuchtender oder sonst irgendetwas Scharf-
kantiges – erstaunlich, was eine Ziege so alles ver-
schlingt, wenn sie draußen umherwandert. Aber gesetzt den Fall, es ist Stoff, warum, zum Teufel, schluckt
sie den Stofffetzen dann nicht runter?«

»Ja, merkwürdig.« Der alte Mann fuhr mit der
Hand sanft über den Rücken des Tieres. »Meinen Sie,
daß sie's von selbst los wird? Daß es vielleicht einfach
runterrutscht?«

»Nein, das glaube ich nicht. Das Ding hat sich
irgendwie festgeklemmt – wie und warum, weiß der
Himmel. Ich muß es so schnell wie möglich rausho-
len, denn sie fängt schon an, sich aufzublähen. Da,
sehen Sie.« Ich deutete auf die linke Flanke der Ziege.
»Ich hole rasch meine Taschenlampe aus dem Wagen.
Vielleicht kann ich damit etwas sehen, das die Sache
erklärt.«

Mr. Kirby hielt die Taschenlampe, während ich
abermals das Maul der Ziege öffnete und wieder diesen seltsamen, menschlichen Klageton vernahm. Und
da bemerkte ich etwas unter der Zunge, etwas, das
aussah wie ein schmales Band.

»Aha, jetzt sehe ich es: Da hat sich eine Schnur oder so etwas um die Zunge gehakt«, rief ich. Ganz vorsichtig schob ich einen Finger darunter und zog.

Es war keine Schnur. Es dehnte sich, als ich behutsam daran zog … wie ein Gummiband. Dann hörte es auf sich zu dehnen, und ich spürte einen Widerstand … was immer da im Hals der Ziege steckte, es fing an, sich zu bewegen. Ich zog weiter, und ganz langsam glitt das mysteriöse Hindernis aufwärts, gelangte auf die Zunge, und als es in Reichweite war, ließ ich das Band los, griff nach dem Klumpen und holte ihn heraus. Es schien, als würde die feuchte Masse nie ein Ende nehmen, aber schließlich hatte ich das Zeug draußen und ließ es zu Boden fallen.

Mr. Kirby bückte sich danach, und als er es zu entwirren begann, stieß er plötzlich einen überraschten Schrei aus.

»Gott steh uns bei, es sind meine Sommerunterhosen!«

»Ihre was?«

»Meine Sommerunterhosen. Ich mag die langen nicht, wenn's wärmer wird. Meine Frau hat sie gewaschen, und Dorothy muß sie von der Leine geholt haben.« Er hielt die zerfetzten Dinger in die Höhe und betrachtete sie wehmütig. »Die haben auch mal bessere Tage gesehen, aber Dorothy hat ihnen den Rest gegeben, fürchte ich.«

Seine Mundwinkelzuckten vor verhaltenem Lachen, er biß sich auf die Lippen, aber schließlich lachte er laut heraus. Das Lachen war ansteckend, ich brach ebenfalls in schallendes Gelächter aus. Eine ganze Zeitlang standen wir beide hilflos lachend da.

»Meine armen alten Unterhosen«, sagte er schließlich, als er sich wieder gefaßt hatte. Dann beugte er sich vor und streichelte den Kopf der Ziege. »Aber solange es dir gutgeht, meine Alte, kümmert mich rein gar nichts.«

Als Antwort rülpste Dorothy zufrieden und schnüffelte interessiert an ihrer Heuraufe.

Der Bauer sah sie liebevoll an. »Ist das nicht wunderbar? Sie will schon wieder fressen. Und wenn das Gummiband sich nicht an ihrer Zunge verhakt hätte, wäre jede Hilfe zu spät gekommen.«

»Da bin ich gar nicht einmal so sicher«, sagte ich.

»Es ist erstaunlich, was Wiederkäuer alles im Magen mit sich herumtragen können. Einmal habe ich im Magen einer Kuh einen alten Fahrradreifen gefunden, als ich sie an etwas ganz anderem operierte. Der Fahrradreifen schien ihr nicht im geringsten lästig zu sein.«

»Erstaunlich.« Mr. Kirby rieb sich das Kinn. »Aber ich weiß nicht, warum ich Sie hier in der Kälte herumstehen lasse. Kommen Sie herein und probieren Sie ein Stück von unserem Weihnachtskuchen.«

In dem kleinen Wohnzimmer mußte ich mich auf den besten Stuhl neben dem Kamin setzen, in dem ein knisterndes Feuer brannte.

»Bring ein Stück Kuchen für Mr. Herriot, Mutter«, rief der Bauer, während er in der Vorratskammer herumkramte. Er kehrte mit einer Flasche Whisky zurück, und gleichzeitig schleppte seine Frau eilig eine mit einem dicken Zuckerguß überzogene Torte herbei, die mit farbigem Glitzerschmuck, kleinen Schlitten und Rentieren verziert war.

Mr. Kirby öffnete den Schraubverschluß. »Weißt du, Mutter, wir können von Glück sagen, daß wir einen Tierarzt haben, der am Weihnachtstag herkommt und uns hilft.«

»Ja, das ist wahr.« Die alte Frau schnitt ein großes Stück von der Torte ab und legte es auf einen Teller, auf dem bereits eine riesige Ecke Wensleydale-Käse lag.

Unterdessen schenkte ihr Mann mir Whisky ein. Das Glas in der Hand, den Kuchen auf den Knien, blickte ich zu Mr. Kirby und seiner Frau hinüber, die auf geraden Küchenstühlen saßen und mich mit stillem Wohlwollen beobachteten. Die zwei Gesichter hatten etwas gemein – eine eigene Art von Schönheit. Gesichter wie diese findet man nur auf dem Land: tief gefurcht und vom Wetter gegerbt, klaräugig und von einer heiteren Ruhe erhellt.

Ich hob das Glas. »Fröhliche Weihnachten.«

Das alte Paar nickte und erwiderte lächelnd: »Das gleiche für Sie, Mr. Herriot. Und nochmals vielen Dank«, fügte Mr. Kirby hinzu.

Ich nahm einen Bissen von dem Kuchen und ließ ihm eine Scheibe Käse folgen. In der ersten Zeit war ich entsetzt gewesen über diese in meinen Augen unmögliche Zusammenstellung, aber langsam hatte ich mich eines Besseren belehren lassen und entdeckt, daß Kuchen und weicher Käse, wenn man sie zusammen verzehrt, eine köstliche Mischung ergeben; und ich hatte auch erkannt, daß es nichts Besseres gibt, als beides mit einem Schluck unverdünnten Whiskys hinunterzuspülen.

»Ich hoffe, das Radio stört Sie nicht, Mr. Herriot?« fragte Mrs. Kirby. »Wir machen es am Weihnachtsmorgen immer an, weil wir so gern die alten Lieder hören, aber wenn Sie möchten, stell ich es ab.«

»Nein, nein, bitte lassen Sie es an, es klingt wunderschön.« Ich blickte auf das alte Rundfunkgerät, an dem das Furnier abblätterte und sich unter der reich verzierten Laubsägearbeit fadenscheiniger Stoff spannte; es mußte ein uraltes Modell sein, und es klang blechern, aber der Gesang des Kirchenchors war nichtsdestoweniger wohlklingend und rührend … *Adeste Fidelis* durchflutete den kleinen Raum, mischte sich mit dem Knistern der Flammen und den leisen Stimmen der beiden Alten.

Der Chor begann mit einem neuen Lied. Ich trank mein Glas aus und winkte nur schwach ab, als der

Bauer erneut nach der Flasche griff. Durch das kleine Fenster sah ich die leuchtenden Beeren einer Stechpalme, die aus der Schneedecke hervorragten.

Es war wirklich ein Jammer, hier fort zu müssen, und mit einem Gefühl aufrichtigen Bedauerns leerte ich das zweite Glas und löffelte die Kuchenkrümel vom Teller.

Mr. Kirby ging mit mir hinaus; am Tor blieb er stehen und streckte die Hand aus. »Vielen Dank. Und alles Gute.«

Einen Augenblick ruhte die rauhe, verarbeitete Hand in der meinen, dann setzte ich mich in den Wagen und ließ den Motor an. Ich sah auf die Uhr: Es war halb zehn, und die ersten frühen Strahlen der Sonne fielen aus einem blaßblauen Himmel herab auf die Erde.

Hinter dem Dorf stieg die Straße steil an und beschrieb dann einen weiten Bogen um das Tal. Dies war die Stelle, wo man plötzlich die ganze große Ebene von York vor sich hatte, die sich bis weit in die Ferne erstreckte. Ich hielt hier immer einen Augenblick an, und jedesmal gab es etwas Neues zu entdecken, doch heute hoben sich die Felder, die Gehöfte und Wälder mit einer nie dagewesenen Deutlichkeit ab. Vielleicht lag es daran, daß heute Feiertag war und keine Fabrikschornsteine rauchten, keine Lastwagen Rauchfahnen hinter sich ließen. In der klaren, kalten Luft wirkte alles zum Greifen nahe, und ich hatte das Gefühl, ich brauchte nur die Hand auszustrecken, dann könnte ich die vertrauten Wahrzeichen berühren.

Ich drehte mich um. Nun hatte ich die weißen Buckel und Mulden der Fells vor mir, dicht an dicht erhoben sie sich in der blauen Ferne: Jede Erdspalte war deutlich zu erkennen, und dort, wo die Sonne hintraf, glitzerten die höchsten Gipfel golden. Ich konnte das Dorf sehen und das Haus, in dem die Kirbys wohnten. Dort hatte ich Weihnachten und Frieden und Herzensgüte gefunden.

Bauern? Sie waren das Salz der Erde.

AUSZUG AUS »ZWEI ALTE DAMEN, EINE ZIMTKATZE«

EVA BERBERICH

Wenn die rüstige ältere Dame auf dem Markt eingekauft hat, besucht sie auf dem Heimweg gern eine noch ältere, wirklich alte Dame. Diese ist nicht mehr ganz so rüstig, dafür aber unbeschreiblich, wenigstens mit den heute üblichen Wörtern. Wörter, die zu ihr passen, nimmt kaum mehr jemand in den Mund, abgelegte altmodische Wörter wie zierlich, höflich, charmant, reizend, verträumt, die, wie auch die alte Dame, zarter Lavendelduft umgibt. Es ist eine gebildete Dame, wie manche Leute, die sie kennen, etwas nachsichtig-naserümpfend sagen, weil sie Bildung für unzeitgemäß und überholt halten.

Beide Damen sitzen im Wintergarten und schwatzen. Das heißt, die alte Dame schwatzt, sie lebt allein und genießt es, mit jemandem schwatzen zu können, nicht nur die eigene, feine, dünne, etwas brüchige Stimme zu hören, der die noch etwas rüstigere Dame gern zuhört. Diese kümmert sich zweimal die Woche um ihre Enkel, die ständig an sie hinplappern, wissen wollen, warum der Himmel blau ist, Schneeflocken nie zusammenstoßen beim Schneien und der Elefant kein fünftes Bein zum Abstützen seines Bauches hat.

Gelegentlich schaut auch die Zimtkatze bei der alten Dame vorbei.

»Wo sie herkommt, fragen Sie, meine Liebe? Vielleicht hat ein galaktischer Wind sie hergeweht, vom Zimtstern. Das zeigt die warme rötlichbraune Farbe ihres Pelzes. Und sie riecht auch ganz zimtig.«

Ihr Kater rieche eher nach Kater, sagt die Freundin, und das auch noch recht streng.

»Sagen Sie bloß! Abends kommt sie am liebsten,

wenn die blaue Stunde sich verabschiedet hat und der Mond aufgegangen ist. Manchmal schaut sie nur von draußen zum Fenster herein, wobei die Höhe des Stockwerks – Sie wissen ja, meine Liebe, ich wohne im zehnten – sie nicht kümmert, und lässt ihre Augen im Dunkeln funkeln.«

»Wie schön«, sagt die rüstige Freundin, »und es reimt sich sogar. Munkeln würde auch noch dazu passen.«

»Ja, fast könnte man sagen, wir funkeln und munkeln im Dunkeln, wir beide. Ich würde sie ja gern behalten. Doch das will sie nicht. Katzen sind niemandem zu eigen. Aber ich bin ihr Mensch. Das lässt sie mich wenigstens glauben und es macht mich froh. Ihr Anblick tut mir wohl.«

Das könne sie – bei aller Liebe – von ihrem Kater nicht immer sagen, so die andere Dame, der pflege zuweilen in unglaublich verwüstetem Zustand heimzukommen und sich dann schnurstracks in ihr Bett zu legen.

»Was für ein hübsches Wort, schnurstracks«, sagt die alte Dame und lächelt. »Bin ich traurig, kommt sie herein und setzt sich innen aufs Fensterbrett. Bin ich sehr traurig, springt sie herunter, legt ihren Zimtkatzenschwanz graziös um mein Bein. Bin ich unendlich traurig, was schon mal vorkommt, kringelt sie sich auf meinem Schoß zusammen, schleckt mit ihrer rauen Zunge meine Hand oder drückt die Schnauze in meine Halsbeuge.«

»Meiner tupft dann mit der Pfote auf meine Backe«, sagt die Besucherin.

»Wie zartfühlend von ihm! Mein seliger Mann pflegte mir auch sanft die Wange zu streicheln. Manchmal wird sie zur Kugel, macht die Augen zu und zieht sich, Ohr für Ohr, Pfote für Pfote, in sich zurück. Gern lese ich ihr etwas vor. Den gestiefelten Kater findet sie albern, warum geht einer auf zwei Pfoten, wenn er doch vier hat? Durch manche Geschichten springt sie mit einem Satz wie ein Löwe durch den Reifen, zieht Fäden heraus, zerkratzt Anfänge, verwirrt Enden, lässt Fetzen fliegen. Aber ›Peterchens Mondfahrt‹ hat ihr gefallen. Sie kennt sie gut, die sanfte dunkle Nachtfee, den in einer Wanne herumplanschenden blubbernden Wassermann, aber dem etwas ordinären Donnermann geht sie aus dem Weg, der ist ihr zu laut.«

»Mein Kater steht eher auf unheimliche Geschichten. Dann trapst er mit den Pfoten auf meinem Schoß. Je dunkler, rätselhafter die Geschichte, desto besser. Katzen sind ja selbst ein Rätsel. Auch wenn mein Kater nicht vom Zimtstern kommt, sondern aus dem Tierheim. Und obwohl er eine leichte Neurose hat, mir den Hörer aus der Hand haut, wenn ich länger telefoniere, und darauf besteht, oben auf dem Schrank sein Nickerchen zu machen und dann ganz staubig wieder runterzuspringen, weil ich mit dem Staublappen dort oben nicht hinkomm, umschwebt ihn doch etwas Rätselhaftes.«

»Natürlich biete ich ihr auch etwas an«, sagt die alte Dame. »Anfangs hab ich für sie Zimtsterne gebacken, aber die schubste sie im Zimmer herum, ohne sie zu fressen. Bloß nix Süßes, sagte sie, scharf auf scharfe Sachen, und machte sich über ein Schüsselchen Senf her, auch saure Gewürzgurken mag sie, Meerrettichsahne, Oliven, Chilischoten, ganz verrückt ist sie auf schwarze Pfefferkörner …«

»Verständlich, wenn sie vom Zimtstern kommt, wo sie sicher nur Süßes kriegt. Aber meiner mag's süß. Auf Kokossahne ist er ganz wild.«

»Wie mein seliger Mann. Sobald sie genug hat von Geschichten und Gewürzgurken, springt sie wieder aufs Fensterbrett, setzt in kühnem Sprung durch die Scheibe übern Mond hinweg, grüßt das Mondschaf mit anmutigem Schwanzkringel, verschwindet dann zimtsternwärts in den unendlichen Tiefen des Weltraums.«

»Meiner unter der Truhe«, sagt die rüstige alte Dame. »Besonders wenn's donnert. Er hat, obwohl Kater, wenig Heldenhaftes.«

»Wenn mir im Fernsehen dieser kluge Professor das Weltall erklärt, denk ich oft, der weiß zwar viel, doch weiß er längst nicht alles. Weiß nicht, dass weit hinter dem farblodernden Pferdekopfnebel der kleine, feine, würzig riechende Zimtstern gemächlich seine Bahn zieht. Was meinen Sie, soll ich ihm einen Brief schreiben: Geschätzter Herr Professor, was wissen Sie eigentlich vom Zimtstern?«

Die Freundin rät ihr unbedingt davon ab, das würde den Professor nur irremachen, und dann würde er noch melancholischer dreinblicken, als er es schon tue.

»Dann lass ich's halt«, sagt die alte Dame, »man will ja niemandem sein mühsam aufgebautes Weltbild zerstören, nicht wahr? Wenn sie wieder bei sich zuhaus ist, wälzt sich die Zimtkatze fröhlich im Zimt. Ich hör sie noch ein bisschen rascheln und krascheln und maunzen und raunzen, dann ist Ruh im Stern. Wie schön, sie haben mir Radieschen mitgebracht und Oliven. Und Gurken. Darf ich Ihnen Tee anbieten?«

IM WEIHNACHTSSTALL
ZU BETLEHEM
VOLKSGUT

Im Weihnachtsstall zu Betlehem,
da war es schrecklich unbequem.
Der Wind blies rau und eisig kalt
durch jeden Tür- und Bretterspalt.
Maria, Josef und das Kind,
die zitterten im Winterwind.
Zehn Schafe kamen von dem Feld
und haben sich dazugesellt.
Schnell rückten alle dicht an dicht,
so fühlte man die Kälte nicht.

MACHT HOCH DIE TÜR, DIE TOR MACHT WEIT

Von herzerwärmenden Gesten und

unerwarteten Geschenken

WIR KOMMEN SCHON ZURECHT
ALEXANDER VORLÄNDER

Margarethe Schellenbaum war eine vornehme Dame. Ihr Gemahl Egon Schellenbaum hatte ihr ein ansehnliches Sümmchen hinterlassen und so verlief ihr Leben sorgenfrei, wenn auch ziemlich ereignislos. Mancher hätte es trist genannt.

Margarethe Schellenbaum legte Wert auf einen geregelten Tagesablauf. Der Vormittag war für die Lektüre der Zeitung und eine Handarbeit reserviert. Am Nachmittag pflegte sie nach einem leichten Mittagessen ein Stündchen zu ruhen, um es sich anschließend mit einem guten Buch auf dem Sofa bequem zu machen. Um Punkt 17 Uhr war es Zeit für eine Tasse Tee und süßes Gebäck und der Abend war einer Kultursendung im Fernsehen oder einer Opernübertragung im Radio vorbehalten.

Margarethe Schellenbaum war nie eine besondere Freundin gesellschaftlicher Aktivitäten gewesen und so war es nur folgerichtig, dass sie mit zunehmendem Alter ihren zurückgezogenen Lebensstil weiter kultivierte. Ihre wenigen sozialen Kontakte beschränkten sich auf kurze Gespräche mit ihrer Zugehfrau, einige Höflichkeitsfloskeln mit dem Boten des Delikatessengeschäfts, von dem sie dienstags und freitags beliefert wurde, sowie den monatlichen Frisörbesuch und den alle zwei Monate stattfindenden Gang zum Friedhof, wo sie in innerer Zwiesprache mit dem verstorbenen Gatten einige Minuten am Grab innehielt.

Der Festkalender hatte für Margarethe Schellenbaum nahezu keine Bedeutung. Dies galt auch für Weihnachten. In der Vorweihnachtszeit hin und wieder ein Stück Stollen, am Heiligen Abend ein Weihnachtsgottesdienst im Fernsehen und am ersten Weihnachtstag eine halbe Hähnchenkeule eingedenk der

Weihnachtsgans, deren Zubereitung ihr Egon sich seinerzeit nicht hatte nehmen lassen. Das musste genügen. Einen Weihnachtsbaum hielt sie für überflüssig, denn sie verbrachte das Fest ja immer alleine. Als einziges Zugeständnis holte sie regelmäßig im Dezember eine mit drei Engeln und einer kleinen Tanne verzierte Spieldose hervor, die ihr Gatte einmal von einer Geschäftsreise mitgebracht hatte.

Unvorhergesehene Ereignisse schätzte Margarethe Schellenbaum überhaupt nicht und so zog sie indigniert die Augenbrauen hoch, als drei Tage vor Weihnachten die Türglocke ertönte. Um 17 Uhr, zur Teezeit! Mit einem einigermaßen reservierten »Ja bitte?« öffnete sie die Tür.

Draußen stand eine ihr unbekannte Frau, die sich sogleich für die Störung vielmals entschuldigte und sich dann als die Tochter ihrer betagten Nachbarin vorstellte.

Margarethe Schellenbaum nickte höflich-distanziert. Die Nachbarin war ihr kaum bekannt, denn wie bereits erwähnt legte sie auf Zwischenmenschliches keinen gesteigerten Wert.

Sie habe eine große Bitte, stammelte die Frau an der Tür, und sie wisse in ihrer Verzweiflung nicht, an wen sie sich wenden solle, aber da Frau Schellenbaum mit ihrer Mutter ja sozusagen Tür an Tür wohne – was angesichts der Distanz der Häuser mehr als wohlwollend formuliert war –, wolle sie fragen, ob … Kurz und gut oder besser gesagt nicht gut, ihre Mutter habe überraschend ins Krankenhaus gebracht werden müssen und nun stelle sich das Problem, dass sie ja ihren Rex nicht mitnehmen könne und sie selbst könne sich leider auch nicht um ihn kümmern, denn sie müsse ihrer Mutter einige Sachen ins Krankenhaus bringen und deshalb wolle sie fragen, ob, nun ja, ob sie, also Frau Schellenbaum, für zwei, drei Stunden Rex sozusagen kurzfristig aufnehmen könne und damit würde sie ihr aus einer unendlichen Verlegenheit helfen.

Margarethe Schellenbaum schwante Übles. Noch bevor die Tochter der Nachbarin mitleidheischend einige Tränen vergießen oder gar das Wort »Tierheim« fallen lassen konnte, hatte Margarethe Schellenbaum bereits entschieden, das heißt, einer Entscheidung bedurfte es gar nicht, sondern es war schlicht eine Tatsache:

Ein Deutscher Schäferhund kam ihr nicht in die Wohnung, oder worum auch immer es sich bei Rex handeln mochte. Allein das Ansinnen war mehr als empörend.

Rex, der sich bisher hinter der Tochter seines Frauchens außer Sichtweite gehalten hatte, war der Auffassung, der Worte seien nun genug gewechselt, obwohl Margarethe Schellenbaum bisher ja noch gar nicht zu Wort gekommen war. Aus der Wohnung stieg Rex ein verführerischer Duft nach süßem Gebäck in die Nase und das war für ihn Anlass genug, seinen Kopf aus dem Halsband zu ziehen und sich auf die Suche nach der Quelle des Wohlgeruchs zu begeben. »Wie albern, einen Dackel Rex zu nennen«, ging es Margarethe Schellenbaum noch durch den Kopf, da war Rex auch schon schwanzwedelnd an ihr vorbei in die Wohnung gehuscht.

Ehe Margarethe Schellenbaum ein Wort des Protests herausbringen konnte, versicherte ihr die Tochter der Nachbarin, sie werde in spätestens zwei, allerspätestens drei Stunden Rex wieder abholen. Sprach's, drehte sich auf dem Absatz um und ließ Margarethe Schellenbaum mit Rex zurück.

Nun war Margarethe Schellenbaum zwar eine Dame mit Prinzipien, die jede Abweichung vom gewohnten Ablauf zutiefst verabscheute, jedoch ließ sie der Blick aus einem Paar treuer Hundeaugen, zumal eines gerade heimatlosen Dackels, nicht unberührt. Und dieser Blick wanderte zwischen Margarethe Schellenbaum und dem Tisch hin und her, auf dem der Teller mit dem Gebäck stand.

»Kuchen ist nichts für Hunde!«, stellte Margarethe Schellenbaum fest, doch Rex war anderer Meinung und als er sie schwanzwedelnd anblickte und schließlich sogar in einer Geste höflicher Bitte – zumindest deutete Margarethe Schellenbaum das so – die Pfote hob, konnte sie nicht widerstehen, brach ein Stück von dem Biskuit ab und hielt es Rex hin, der sich nicht zweimal bitten ließ und das Gebäckstück mit offensichtlich größtem Appetit verschlang. Verstärktes Schwanzwedeln interpretierte Margarethe Schellenbaum zutreffend als Aufforderung zu einem zweiten Stück und mit jedem weiteren Bissen verflüchtigten sich zusehends Margarethe Schellenbaums Bedenken über die Eignung von Kuchen als Hundefutter.

Schließlich waren sie und der Hund sozusagen in einer Ausnahmesituation und außerdem stand Weihnachten vor der Tür und da soll man nicht hartherzig sein.

Nachdem der Kuchen verzehrt war, ließ sich Rex zufrieden auf dem Teppich nieder, während Margarethe Schellenbaum ihr Buch hervorholte. Sie konnte sich jedoch nicht recht auf die Wirrungen der Liebesgeschichte konzentrieren. Immer wieder wanderte ihr Blick zu Rex. Wie ausgehungert er gewesen war. Womöglich wurde er zu Hause vernachlässigt. Einfach empörend! Vermutlich die Folgen von Demenz! Nein, nicht auszudenken! Mitfühlend betrachtete Margarethe Schellenbaum den friedlich vor sich hin dösenden Rex.

Das Klingeln des Telefons riss sie aus ihren Überlegungen. Anrufe schätzte sie überhaupt nicht und schon gar nicht, wenn sie dadurch aus ihren Gedanken gerissen wurde.

Sie wage ja gar nicht zu fragen, ließ sich die Tochter der Nachbarin am Telefon vernehmen, aber mit ihrer Mutter sei es doch ernster und sie müsse deshalb viel Zeit im Krankenhaus bei ihr verbringen und ob

Frau Schellenbaum sich eventuell vorstellen könne, Rex sogar über Weihnachten …

»Machen Sie sich keine Gedanken, wir kommen schon zurecht. Und gute Besserung für Ihre Frau Mutter.« Margarethe Schellenbaum traute kaum ihren Ohren. Hatte sie tatsächlich eben gesagt »Wir kommen schon zurecht«? Rex jedenfalls schien ganz ihrer Meinung und döste friedlich weiter. Beim Abendessen musste Rex mangels Hundefutter mit einer Dose Entenleberpastete vorliebnehmen, die ihm jedoch ausnehmend gut zu schmecken schien. »Auf Dauer ist das aber nichts für dich«, sagte Margarethe Schellenbaum. »Morgen gehen wir einkaufen.«

Am späteren Abend begann Rex zu fiepen und an der Tür zu kratzen. Es dauerte eine geraume Weile, bis Margarethe Schellenbaum die Unruhe zu deuten wusste, und dann geschah etwas, was es seit Jahren nicht gegeben hatte: Margarethe Schellenbaum verließ bei Dunkelheit ihre Wohnung, um mit Rex Gassi zu gehen.

Der nächste Tag brachte weitere Neuerungen: Da das Delikatessengeschäft kein Hundefutter führte, betrat Margarethe Schellenbaum ein Kaufhaus! Hier erstand sie verschiedenes Premium-Hundefutter für Rex und – sie wusste selbst nicht warum – abweichend von ihrer Gewohnheit keine Hähnchenkeule für das Weihnachtsmenü, sondern Lachs und eine Entenbrust.

Ein wenig ermattet nahm sie im Dachcafé eine Tasse heiße Schokolade zu sich. »Nein, welch ein netter Hund«, bemerkte ein älterer Herr am Nebentisch und lächelte Margarethe so freundlich zu, dass ein sanftes Rot ihre Wangen überzog.

Auf dem Heimweg erstand sie, einem plötzlichen Impuls folgend, einen kleinen Christbaum, der noch am gleichen Abend geliefert wurde. Während sie im Keller den uralten Baumschmuck hervorholte, hielt Rex den Baum im Zimmer für eine großartige Erfindung und hob sein Beinchen. Margarethe Schellenbaum konnte sich nicht erinnern, wann sie zuletzt selbst einen Wischlappen in der Hand gehabt hatte, aber das Malheur wollte ja beseitigt werden.

Am Heiligen Abend bereitete sie ein wahres Festessen für sich zu und als Geschenk für Rex öffnete sie eine Dose mit Wiener Würstchen. Den obligatorischen Fernsehgottesdienst ließ sie ausfallen und machte stattdessen mit Rex einen langen Spaziergang durch die Weihnachtsnacht. Freundlich lächelte sie den wenigen Menschen zu, die ihr begegneten.

Ganz unerwartet stand sie plötzlich vor dem Friedhof. »Eigentlich dürfen Hunde dort nicht hinein, aber weil Weihnachten ist, machen wir eine Ausnahme«, raunte sie Rex zu. »Ich muss dich doch mit Egon bekanntmachen.« Während sie still vor dem Grab verweilte, blieb Rex regungslos sitzen. Vielleicht spürte er, dass dies ein besonderer Moment war. »Das ist Rex«, flüsterte sie schließlich. »Wie schön wäre es, wenn du jetzt auch da wärst, Egon.« Und zum ersten Mal seit Jahren liefen ihr die Tränen übers Gesicht.

»Machen Sie sich keine Gedanken«, antwortete Margarethe Schellenbaum, als die Tochter ihrer Nachbarin am Tag nach Weihnachten anrief, um sich zu bedanken, dass sie Rex über Weihnachten aufgenommen hatte, und fragte, ob sie ihn noch länger bei ihr lassen dürfte. »Ja sicher. Wir kommen sehr gut zurecht.« Und nachdem sie aufgelegt hatte, ergänzte sie: »Wir hatten doch ein schönes Weihnachtsfest, wir beide. Oder nicht? Für mich war es jedenfalls das schönste Fest seit Jahren. Du hast mir so viel gezeigt, von dem ich gar nichts mehr wusste. Spazieren gehen mitten in der Nacht. Selber einkaufen. Mit fremden Herren …« Bei diesen Worten errötete sie schon wieder. »Du bist ein wahres Weihnachtsgeschenk.« Rex wedelte und schien jedes Wort verstanden zu haben.

DAS WEIHNACHTSGESCHENK
KARIN TAMCKE

Manchmal braucht das Glück einen Schubs. Er hätte zwar sanfter ausfallen können, doch bei dieser Deutlichkeit konnte das Glück zumindest nicht sagen: Sorry, ich habe nichts gemerkt. Und so wurde Katze Nelly in ein besseres Leben geschubst.

In tiefe Gedanken versunken, war sie über die Straße gelaufen. Zu sehr in Träume versponnen, um auf das Auto zu achten, das zeitgleich die Fahrbahn passierte. So kam, was kommen musste. Beide hatten einen unfreiwilligen Kontakt, der dem Fahrzeug nicht schadete, wohl aber der Katze Nelly. Der Fahrer war ein netter Mensch, deshalb stieg er aus und kümmerte sich um das Kätzchen, das verstört auf dem Pflaster saß. Da jedoch sein Kümmern mit Hilflosigkeit einherging, sah er die mögliche Rettung in einem kleinen Häuschen, das nicht weit entfernt von der Straße sein Licht durch ein Fenster schickte. Dort traf er auf eine ältere Frau. Und ja, sie würde die Katze versorgen.

Um es kurz zu machen: Bis auf ein leichtes Hinken, das alsbald verschwand, war Nelly unversehrt geblieben. Man muss vielleicht nicht extra erwähnen, dass Frau Heine Tiere liebt. Und nun hatte das Glück seinen zweiten Auftritt: Es schenkte der heimatlosen Nelly ein schönes, behagliches Zuhause. Sie zog bei Frau Heine als Untermieterin ein und bald waren Mensch und Katze in inniger Zuneigung verbunden. Diese wurde auf Frau Heines Seite nur einmal kurzfristig strapaziert. Das geschah, als Nelly eines Tages aus einer Kiste sprang und Frau Heine in eben diesem Behältnis kleine Wesen erblickte, die aufgrund ihrer Beschaffenheit nichts anderes als Ratten sein konnten. Doch nicht alles, was Fell und einen Schwanz trägt und unter einer Katze liegt, ist gleich Ratte. Nelly hatte heimlich Mutterglück erfahren und Frau Heine auf den Schlag vier weitere Katzen beschert.

Leider war die alte Dame mit irdischen Gütern nicht reich gesegnet. Eine winzige Rente ermöglichte ihr ein bescheidenes Leben in dem kleinen Haus, das nicht viel größer als ein Hühnerstall war. Doch die »unschuldigen Wesen« wurden großgefüttert und fanden auch bald ein neues Zuhause. Allerdings gab es berechtigen Anlass, sich Sorgen zu machen über ein erneutes Auftreten kleiner Gebilde im Rattenlook, die sich dann wiederum als Katzennachschub outen würden. Schließlich sah Nelly nicht aus, als wäre sie plötzlich von Keuschheit befallen. Frau Heine ging an ihr Erspartes und ließ Nelly vom Tierarzt die Lizenz entziehen. Nun war auch das geregelt.

Nelly folgte Frau Heine anhänglich auf Schritt und Tritt. Im Sommer bauten sie im gemeinsamen Gärtchen Gemüse an und sammelten Holz für den Winter. Eine Zentralheizung gab es nicht, doch tagsüber verströmte ein Ofen mollige Temperaturen. Die Nächte waren bitterkalt und Nelly und Frau Heine krochen zwecks Verdoppelung der Körperwärme zusammen unter das Federbett. Neben Frau Heines Knien schnurrte sich die Katze gemütlich in den Schlaf und Frau Heine genoss den Kontakt mit Nellys samtweichem Fell.

Dann kam das Weihnachtsfest und Frau Heine teilte sich mit Nelly vorm geschmückten Baum eine Wurst. Danach löschte sie die Kerzen und legte sich zum Schlafen nieder, während Nelly ihren Abendspaziergang durch den Garten machte. Bald hörte Frau Heine das Klappern der Katzentür und lüftete die Decke an. Nelly sprang wie gewohnt aufs Bett, verweigerte jedoch die kuschelige Höhle. Im Dunkeln begann Frau Heine, nach der Katze zu tasten und sie mit energischem Nachdruck unter die Daunen zu schieben, bis Nelly ihr Sträuben aufgab und der Aufforderung nachkam, wenn auch nicht ganz entspannt.

Doch dann bemerkte Frau Heine, dass diesmal unter dem Federbett noch etwas anders war. Irritiert knipste sie die Leuchte auf dem Nachtschrank an und schlug die Decke zurück. Dann sah sie es. Und was sie da sah, ließ sie aus dem Bett springen, von Entsetzen und Abscheu gepackt: Im Maul von Katze Nelly zappelte eine Maus. Eine dicke graue Maus. Die ahnungslose Frau Heine hatte Nelly samt Beute unters Deckbett geschoben. Doch bevor sie dem Impuls nachgab, Ärger zu empfinden, hielt sie plötzlich inne. Hielt inne und begriff. Ihr Gemüt wurde überflutet von liebevollen Gedanken. Es war doch Heiligabend! Und Nelly hatte ihr zu Weihnachten ein Geschenk mitgebracht, wenn auch ein recht spezielles. Eben ein typisches Katzengeschenk.

WEIHNACHTSTHEATER

KATHARINA GERWENS

N a du bist mir ja ein Süßer, wie heißt du denn?«
Was für eine Frage! Aber genau das wollen sie immer als Erstes wissen. Diese Menschen. Als würden Namen unbedingt und in jedem Fall weiterhelfen. Wenigstens aber war sie klug genug, um als Zweites festzustellen, dass ich hungrig und durstig war und mit meiner linken Hinterpfote hinkte. Na gut, ein bisschen übertrieb ich mit dem Humpeln – aber das Übertreiben hab ich schließlich von den Menschen gelernt. Das, was wichtig ist, haben wir uns schon immer gegenseitig abgeschaut.

»Miez, Miez, komm, komm zu mir ins Haus, Miez«, rief sie lockend, was mich natürlich freute. Dennoch gab ich mich unschlüssig, obwohl sie mir schon vor Stunden ausgesucht hatte. Aber je zögerlicher ich mich gab, umso mehr würde sie sich freuen.

Wie erhofft kredenzte sie mir ein Näpfchen mit Joghurt und ein Schälchen mit Wasser – leider keine Leberpastete. Ich blickte wachsam um mich und tat ihr dann doch den Gefallen, den Napf leer zu schlecken und ganz viel zu trinken.

»So ist gut, dann geht es dir sicher gleich wieder besser«, versprach sie und ich humpelte demonstrativ auf sie zu, ließ mich von ihr hochnehmen, landete auf ihrem Schoß und schmiegte mich an ihren weichen Bauch. Ja, dachte ich, hier lässt es sich leben, und ich war stolz auf meine Wahl. Bei meinen vorhergehenden Menschen nämlich hatte ich mich geirrt – aber das ist eine andere Geschichte.

Schon im Morgengrauen hatte ich gesehen, dass aus ihrem Haus definitiv das freundlichste und herzlichste Licht in den kalten Wintertag leuchtete. Hinter all den anderen Fenstern herrschten Eile und Gepolter – nur wenig Herzenswärme. Dafür gab es hier in meinem aktuellen Domizil umso mehr davon. Jetzt also rollte ich mich auf ihrem Schoß zusammen und schnurrte eine Weile. »Ja, das tut gut«, sagte die Frau und kraulte mein Kinn. »Ruh dich aus, denn später musst du ja wieder nach Hause gehen!« Ich kniff die Augen zusammen und blickte skeptisch aus dem Fenster. Draußen war es kalt. Eiszapfen hingen wie gläserne Orgelpfeifen an den kahlen Ästen der Bäume.

Diese Ursula hatte keine Ahnung! Sie wusste noch nichts von unserer zukünftigen Zweisamkeit, wusste noch nicht, dass ich bei ihr bleiben würde. Mir ist es noch nie leicht gefallen, einen Menschen an mich zu gewöhnen – möglicherweise habe ich zu oft Menschen getroffen, die sich nur unwillig mit ihren Artgenossen abgaben, und in Katzenkreisen heißt es ja, dass man die Eigenarten seiner Frauchen oder Herrchen übernimmt.

Mit Ursula, so beschloss ich nun, würde ich alles langsam angehen lassen. Also verzog ich mich tagsüber in die Kälte und beobachtete vom Ast eines Baumes, ob sie mich suchte. Tatsächlich, sie rief nach mir.

Natürlich kam ich erst nach dem dritten oder vierten Mal. Umso größer nämlich war dann ihre Freude, wenn ich schnurrend und mit hocherhobenem Schwanz um ihre Beine strich. Schon nach wenigen Tagen nannte sie mich Perle, was eigentlich eine Kränkung ist, denn ich habe eine gute Figur und bin keineswegs kugelrund. Aber egal. Ursula hatte mir einen Namen gegeben und mich damit in ihr Leben geholt. So machen das die Menschen. Erst wenn sie etwas benennen, ist es ihr Eigen.

Nach etwa einer Woche, als sie eine zweite rote Kerze auf dem grünen Kranz entzündete, besserte sich auch das Essensangebot. Sie hatte wohl in meiner Abwesenheit eingekauft – sogar einen eigenen Teller besaß ich nun. Der war mit tanzenden Mäuschen bemalt. »Ein Weihnachtsgeschenk – etwas vorgezogen«, verriet sie mir. Tanzende Mäuse! Eigentlich schrecklich. Aber sie hatte es ja gut gemeint.

Weitaus mehr Sorgen bereitete mir das Wissen, dass Weihnachten schon wieder vor der Tür stand. Klar, ich hätte es mir denken können. Dort, von wo ich weggelaufen war, stand ja auch ein Kranz mit roten Kerzen auf dem Tisch, flackerten Lichterketten in den Fensterwölbungen und alle fragten einander ungeduldig: »Was wünschst du dir zu Weihnachten?« oder aber klagten: »Ich weiß nicht, was ich dir schenken soll. Du hast ja schon alles« – dabei wussten sie von sich selbst auch nicht, was sie sich wünschen sollten. Ich dagegen wünschte mir nur meine Ruhe und ein warmes Plätzchen – gerade in dieser Zeit. Aber damit war es vorbei, als ich mein Herrchen eines abends zu meinem Frauchen sagen hörte: »Wir schenken den Kindern zu Weihnachten einen jungen Hund. Über den Kater sind sie inzwischen hinausgewachsen. Der lässt sich ja kaum noch blicken und kommt gut alleine klar. Was meinst du?«

Und das Frauchen hatte nicht widersprochen!

Was für ein Verrat!

Okay, Hunde sind mir eigentlich egal, aber natürlich nicht, wenn sie mein Revier besetzen. Schamlos, charakterlos! Keine Katze, die auf sich hält, will mit einem Hund zusammenleben. Ich erst recht nicht.

Als mir das klar wurde, bin ich noch in der gleichen Nacht ausgezogen. Okay, es war nicht gerade der beste Zeitpunkt, da es zu einer Jahreszeit geschehen musste, in der ich am liebsten nur neben der Heizung lag und vom Frühling träumte, aber es war bitter nötig, in diesem Haushalt mal ein Zeichen zu setzen. Und danach bin ich so lange durch die Dunkelheit gestromert, bis ich nicht nur das freundliche Licht, sondern vor allem Ursula fand.

Ich habe zwar kein Zeitgefühl, aber als Ursula vorhin die vierte rote Kerze an dem grünen Kranz entzündete, wusste ich, dass auch hier das Weihnachtstheater losging. Ob sie etwa ein Geschenk von mir erwartete? Zu meinem Antrittsbesuch hatte ich ihr eine Maus auf die Türschwelle gelegt, aber die hatte sie mit verkniffener Miene auf eine Schaufel geschoben und dann im Garten vergraben. Mäuse waren offensichtlich nicht ihr Ding, dabei machte sie doch einen so verständigen Eindruck.

Weil mich das alles gerade so beschäftigte, vergaß ich ganz, friedlich zu schnurren. Ursula nahm mich hoch: »Bist du krank?« Ich gurrte ein leises und herzerweichendes Miau. Augenblicklich wickelte sie mich in ein Handtuch und baute mir ein Nest in dem Sessel, der direkt neben der Heizung steht. Besser hätte es gar nicht kommen können. Was für ein gemütlicher Nachmittag. Zudem setzte sie sich an den Tisch, behielt mich im Blick und formte nebenher viele goldene Dreiecke zu spitzen Tüten, die sie dann zu vielzackigen Sternen zusammenklebte. »Das ist für meine Schwiegertochter«, verriet sie. »Betty kommt gegen Abend und wird unsere Sterne auf dem Weihnachtsbasar verkaufen. Für einen guten Zweck. Weißt du, früher habe ich auch Strohsterne gebastelt, aber da machen meine Augen jetzt nicht mehr mit.«

Unsere Sterne hatte sie gesagt und dieser Satz klang wie das schönste Miau in meinen Ohren. Begeistert reckte ich mich und sprang zu den Sternen auf den Tisch. »Perle, was soll das?«, fragte sie, als ich ihre Kunstwerke neu zu ordnen begann. »Bitte, sei ganz vorsichtig!« Aber ich hörte schon an ihrer Stimme, dass ihr mein Einsatz nicht besonders gefiel. Schade! Sie seufzte laut. »Ich muss noch zwei ganze Sterne schaffen. Was für ein Zeitdruck! Immer um diese Jahreszeit!« Spätestens da begriff ich, dass Weihnachten unumstößlich etwas mit Ungeduld und Jammern zu tun hatte. Und wenn das Schicksal es besonders böse mit einem meinte, dann wurde man zum Fest durch einen Hund ersetzt. Das war wirklich bitter! Aber dann doch lieber Ursulas Sterne und ein neues Zuhause bei ihr. Also zog mich zurück und schaute ihr mit brav gefalteten Pfoten zu. Ruhe und Frieden!

Genau, dachte ich da so bei mir, das würde ich ihr am liebsten zu Weihnachten schenken. Aber weder das eine noch das andere war so leicht einzufangen wie eine Maus oder eine Eidechse.

Ungeduldig sog Ursula Luft durch ihre Zähne und zischte ärgerlich: »Mindestens zwei Dutzend wollte ich machen und jetzt habe ich erst 22. Und gleich kommt Betty.«

Tatsächlich klingelte es kurz darauf an der Tür. Ich sprang auf und versteckte mich unter dem Sofa. Man weiß ja nie.

Betty war in Ordnung, sie kam ohne Hund, ohne Mann und ohne Kind – dafür aber mit einer riesigen Tasche für die Sterne.

»Nanu, mehr hast du dieses Jahr nicht geschafft? Ist was passiert?«

Ich hörte Ursula murmeln: »Das liegt an der Per-le.«

Betty sah sich um. »Du hast eine Perle, eine, die dir die Wohnung putzt?«

Ursula lachte. »Nein, etwas viel Schöneres. Einen Kater mit perlmuttfarbenem Fell.« Und dann rief sie nach mir.

Was hätte ich machen sollen? Mich weiter verstecken? Das wäre doch sehr unhöflich gewesen!

Also zeigte ich mich. Eitelkeit ist – zugegebenermaßen – mein größter Fehler. Ich liebe es nun mal, bewundert zu werden.

»Oh, was für ein schönes Tier«, sagte Betty erwartungsgemäß und ich zeigte mich von meiner besten Seite. Sie beugte sich zu mir hinab. »Darf ich dich streicheln?«

Ich gurrte und gab ihr damit zu verstehen, dass mir die Stelle unterm Kinn am liebsten sei. Sie aber strich stattdessen mit ihrer Hand über meinen Kopf und dann an meinen Schultern entlang und stutzte mit einem Mal, um sich dann an Ursula zu wenden: »Du weißt schon, dass der Kater gechippt ist? Es gibt jemanden, dem deine Perle gehört und der ihn nun sehr vermissen wird.«

Ich fauchte, entwand mich ihren Händen und raste davon. Die hatte doch gar keine Ahnung. Mich vermisste niemand. Spätestens an Weihnachten würde ich durch einen Hund ersetzt werden.

An diesem Abend trieb ich mich lange draußen herum. Durch das Fenster sah ich, wie Ursula in die vier brennenden Kerzen an ihrem Adventskranz sah. Sie wirkte sehr traurig. Sie wollte sich nicht von mir trennen. Das spürte ich. Und ich wollte ja auch nicht wieder weg.

Zu zweit erwischten sie mich kalt am nächsten Vormittag, als ich nach vorsichtigstem Anschleichen meinen Joghurt wohl etwas zu laut schlabberte. Betty packte mich im Nacken und schon steckte ich in einem dieser Katzenkäfige, die ich nur von Arztbesuchen kannte.

Eine Katastrophe!

»Jetzt wollen wir mal sehen, wem du gehörst. Das wird für deine Leute ein großes Weihnachtsgeschenk sein. Die vermissen dich sicher schon sehr.«

Ich fauchte zurück und protestierte mit langen Tönen: »Die wollen mich nicht mehr. Die haben einen Hund.« Aber niemand hörte auf mich.

Tatsächlich saß ich kurz darauf auf dem Untersuchungstisch einer Ärztin, obwohl ich doch gar nicht krank war! Die fuhr mit einem Kästchen über mich und das Ding, das ich unter meiner linken Schulter hatte, und murmelte: »Na bitte, mein Süßer, gleich wissen wir, wo du hingehörst!«

Was fiel der bloß ein, mich so anzusprechen! Am liebsten hätte ich ihr in den Finger gebissen, aber sie trug Plastikhandschuhe und ich hasse Plastik.

»Tatsächlich, der Kater ist in meinem System. Aber er wird noch nicht als vermisst gemeldet. Wie lange ist er schon bei ihnen? Fast drei Wochen?« Ursula nickte.

»Das muss doch längst aufgefallen sein, dass er weg ist. Wahrscheinlich gehen alle von einem Unfall aus.«

»Die sind heilfroh«, fauchte ich. »So haben sie mehr Platz für den Hund!«

Aber natürlich ging die Tierärztin nicht auf mich ein.

»Ich habe hier die Handynummer der Besitzer«, sagte die Frau mit dem weißen Kittel und Betty schrieb die Zahlen sofort auf einen Zettel.

»Am besten rufen Sie gleich dort an. Morgen ist Heiligabend und das wäre dann das schönste Weihnachtsgeschenk für die Besitzer.«

»Aber nicht für mich.« Ursula weinte. »Willst du nicht wenigstens noch über Weihnachten bei mir bleiben?«, fragte sie mich und ich nickte so heftig, wie ich konnte.

»Es ist nur fair, dort anzurufen«, mischte sich nun auch noch diese Betty ein, die sich doch besser um ihre Sterne kümmern sollte.

Ursula gab nach. »Dann machen wir das.« Sie weinte. »Jetzt habe ich mich schon so an mein Perlchen gewöhnt.«

»Vielleicht darf er ja noch über Weihnachten bei dir bleiben«, schlug Betty halbherzig vor und tippte was in diesen kleinen Piepsapparat, den heutzutage fast alle Leute mit sich tragen. »Ja, hallo, vermissen Sie einen perlmuttfarbenen Kater, etwa vier Jahre alt?«

Ich machte mich ganz klein. So klein wie ein Mäuschen. Fast hätte ich durch die Gitterstäbe der Transportbox flüchten können. Da fehlte höchstens noch ein Millimeter.

»Wie es ihm geht?« Betty zwitscherte fröhlich. »Wunderbar. Er wohnt seit drei Wochen bei meiner Schwiegermutter und die zwei haben sich sehr aneinander gewöhnt. Könnte er über Weihnachten noch hierbleiben? Das wäre Ursulas größtes Glück.«

Fassungslos sah ich, wie Betty den Kopf schüttelte. »Was? Ist das ihr Ernst? Sie geben den Kater frei?«

Sie stellte das Telefon laut und ich vernahm die Stimme meines Frauchens: »Wenn er dort glücklich ist …«

Bettys und Ursulas Blicke kreuzten sich. Ursula schluckte und stellte klar: »Perle bleibt bei mir.«

»Ja«, die Tierärztin lächelte und war mir gar nicht mehr so unsympathisch. »Da haben sich also zwei gesucht und gefunden. Schöne Weihnachten.«

QUELLEN- UND LITERATURHINWEISE

Tina Alba, Ein Weihnachtsmärchen, aktualisierte und gekürzte Fassung, in: Tina Alba, Seidenpfoten, Katzengeschichten, © bei der Autorin, 2023
Eva Berberich, Auszug aus »Zwei alte Damen, eine Zimtkatze«, in: Eva Berberich, Die Bücherkatze, Von Menschen, Katzen und Büchern, © dtv Verlagsgesellschaft, München, 2017, S. 182-185, mit freundlicher Genehmigung von dtv Verlagsgesellschaft mbH & Co. KG
Katharina Gerwens, Weihnachtstheater, © bei der Autorin, 2022
Dr. James Herriot, Auszug aus »Tierarzt«, in: Dr. James Herriot, Tierarzt. In der Übersetzung von Ulla H. de Herrera, © Rowohlt Verlag GmbH, Hamburg 1976
Cassia Fletcher, Die Katze und der Weihnachtsbaum, © bei der Autorin, 2023
Thomas Pfeiffer, Die Retterin des Glücks, in: Nicole Pfeiffer, Hundherum Heldenhaft, © Mariposa Verlag, 2021
Ulli Reichmann, Dämmerungszauber, © bei der Autorin, 2023
Karin Tamcke, Alle Jahre wieder, in: Karin Tamcke, Der katzegorische Imperativ, © Mariposa Verlag, 2013
Karin Tamcke, Das Weihnachtsgeschenk, in: Karin Tamcke, Der katzegorische Imperativ, © Mariposa Verlag, 2013
Karin Tamcke, Frohes Fest, © bei der Autorin, 2023
Volksgut, Im Weihnachtsstall zu Bethlehem, in: Die Tiere an der Krippe, Geschichten für Advent und Weihnachten, hrsg. von Reinhard Abeln und Paola Bertolini Grudina, © Butzon & Bercker GmbH, 2011
Alexander Vorländer, Wir kommen schon zurecht, © beim Autor, 2023

© 2023 Pattloch Verlag
Ein Imprint der Verlagsgruppe
Droemer Knaur GmbH & Co. KG, München

Textauswahl und Lektorat: Katharina Hepp, Pattloch Verlag
Gesamtgestaltung und Satz: Christina Krutz
Umschlagillustration und Illustrationen im Innenteil: Shutterstock.com
Gesamtherstellung: Grafisches Centrum Cuno GmbH & Co. KG, Calbe

ISBN 978-3-629-00872-5
www.geschenkverlage.de

2 4 5 3 1

MIX
Papier aus verantwor-
tungsvollen Quellen
FSC® C043106
FSC
www.fsc.org